大湾区求真教育

共同体家国情怀的实践与探索

主　编：姜　楠　尤端阳　徐汝成
副主编：陈步倩　胡诗文　李　枝　王勇军　陈　虹
　　　　王春力　曹人章　金　钰　薛　冰　李立国
　　　　孟庆坤　梁洪波　王鹏飞

中国书籍出版社
China Book Press

图书在版编目(CIP)数据

大湾区求真教育共同体家国情怀的实践与探索 / 姜楠, 尤端阳, 徐汝成主编. -- 北京：中国书籍出版社, 2024. 11. -- ISBN 978-7-5241-0151-2

Ⅰ. D647

中国国家版本馆CIP数据核字第2024AC4635号

大湾区求真教育共同体家国情怀的实践与探索

姜　楠　尤端阳　徐汝成　主编

丛书策划	谭　鹏　武　斌
责任编辑	成晓春
责任印制	孙马飞　马　芝
封面设计	博健文化
出版发行	中国书籍出版社
地　　址	北京市丰台区三路居路97号(邮编：100073)
电　　话	（010）52257143（总编室）　（010）52257140（发行部）
电子邮箱	eo@chinabp.com.cn
经　　销	全国新华书店
印　　厂	三河市德贤弘印务有限公司
开　　本	710毫米×1000毫米　1/16
字　　数	230千字
印　　张	14.5
版　　次	2025年1月第1版
印　　次	2025年1月第1次印刷
书　　号	ISBN 978-7-5241-0151-2
定　　价	98.00元

前　言

　　家国情怀具有深厚持久的传统文化底蕴，是流淌在中国人精神世界里的执念，是中华民族精气神的独有标识。党的十八大以来，习近平立足于中华民族伟大复兴战略全局和世界百年未有之大变局，要求在全社会大力弘扬家国情怀。因此，家国情怀培育的质量和方向，基本决定了青少年爱国主义教育的质量。

　　当今的粤港澳青年学生是未来大湾区建设的主力军，在粤港澳青少年群体中增进家国情怀培育，增强国家身份认同感和民族凝聚力，对推进粤港澳大湾区建设及中华民族伟大复兴具有重要价值。

　　为此，我们以"如何培育粤港澳大湾区学生家国情怀"问题为研究核心，组建了"粤港澳大湾区求真教育共同体"，开展了20多年以普通学校为主体的大湾区家国情怀教育实施路径探索。本书通俗易懂地论述了家国情怀的本质内涵，同时又立足于中学一线的教学实践层面，运用大量的案例分析如何提高中学生的家国情怀素养。全书观点新颖，案例鲜活，文字流畅，将有效帮助中学学校更好地开展家国情怀教育。

编者

2024年10月

目　录

第一篇

家国情怀教育内涵与价值

家国情怀教育的内涵

在中华民族五千多年的悠久历史中，家国情怀作为一种深厚而持久的精神力量，始终贯穿于中华民族的文化血脉之中。这种情怀不仅体现在人们对家庭、家族的热爱与忠诚上，更表现为对国家、民族的责任感和使命感。在中国历史的各个重要时刻，家国情怀都如同一盏不灭的灯塔，指引着无数仁人志士在国家危难之际挺身而出、共赴国难。从岳飞的"精忠报国"到文天祥的"人生自古谁无死，留取丹心照汗青"，再到无数在抗日战争、解放战争、抗美援朝等历史事件中为国家和民族献身的英雄们，他们的故事无不体现了家国情怀的深刻内涵。

在新时代的背景下，家国情怀教育需要与时俱进，既要继承传统，又要创新发展。教师应当结合时代特点，利用现代教育技术和多样化的教学手段，使家国情怀教育更加生动、具体、贴近学生的生活。同时，应鼓励学生在学习和实践中，主动思考和探讨家国情怀的现实意义，培养他们成为具有坚定理想信念、广阔国际视野和强烈社会责任感的新时代公民，为实现中华民族伟大复兴的中国梦贡献力量。

家国情怀教育的内涵，深刻而多维，它不仅是一种情感教育的体现，更是对个体价值观、社会责任感及全球视野的全面塑造。具体而言，其内涵可从以下几个维度进行深入解析。

一、家的温馨与责任：情感的起点与基石

家国情怀教育，其深邃的根系首先扎根于"家"这一人类社会最基础也最温馨的单元之中。在这个由血缘与情感编织的复杂网络里，"家"超越了单纯的物理空间限制，成为一个充满温情、理解与支持的避风港。它不仅是每个人成长的起点，也是情感交流最自然、最纯粹的场所，更是责任感与担当精神孕育的摇篮。

在家庭中，孩子们通过日常的互动与学习，逐渐领悟到亲情的珍贵与力量。父母的言传身教，如同细雨润物般滋养着他们幼小的心灵，教会他们如何以爱之名去关怀、尊重并支持每一位家庭成员。这种基于血缘与情感的纽带，不仅加深了家庭成员之间的紧密联系，更为孩子们树立了关于爱、责任与奉献的最初认知。

家庭教育在培养孩子们家庭责任感的过程中，扮演着至关重要的角色。父母通过自身的行为示范，引导孩子们学会承担家务、照顾家人，并在这一过程中体验到付出的快乐与成就感。这些看似微不足道的日常琐事，实则是塑造孩子们道德品质与社会责任感的基石。它们让孩子们明白，作为家庭的一员，自己有责任也有能力为家庭的幸福与和谐贡献一份力量。

更为重要的是，家庭责任感的培养还激发了孩子们对更广泛社会责任的认知与追求。在家庭的熏陶下，孩子们逐渐意识到，个人的成长与幸福离不开社会的支持与保障。因此，他们开始学会关注社会问题、参与公益活动，并在这一过程中不断锤炼自己的社会责任感与公民意识。这种由家及国、由小及大的情感升华，正是家国情怀教育所追求的最终目标。

综上所述，家国情怀教育在"家"这一基础社会单元中的根植与培育，不仅为孩子们提供了情感交流的港湾与责任感培养的摇篮，更为他们日后成为有担当、有爱心的社会成员奠定了坚实的基础。这种教育方式的深远影响，将伴随孩子们的一生，成为他们不断前行、追求卓越的强大动力。

二、国的认同与奉献：情感的升华与担当

随着个体的逐渐成长与心智的成熟，家国情怀教育如同一条蜿蜒的河流，引领着他们的思想之舟，从家庭的温馨港湾缓缓驶向国家的广阔海洋。在这一过程中，"国"的概念不再是遥远而抽象的符号，而是逐渐转化为个体情感与责任的深刻寄托，成为他们生命中不可或缺的一部分。

历史教育作为家国情怀教育的重要组成部分，以其独特的魅力，引领着个体穿越时空的长廊，去感受国家历史的厚重与辉煌。通过学习历史，个体不仅了解到国家从诞生到发展的艰辛历程，更深刻认识到国家主权、领土完整、民族尊严的不可侵犯与至高无上。这些历史的教训与经验，如同璀璨的星辰，照亮了他们的心灵，激发了他们对国家的无限热爱与崇高敬意。

与此同时，爱国主义教育则以更加直接而生动的方式，强化了个体对国家的情感认同与责任感。通过参观革命遗址、缅怀先烈事迹、参与国庆庆典等活动，个体亲身体验到国家发展的壮丽篇章，感受到作为国家一员的自豪与荣耀。这种情感的共鸣与激荡，促使他们更加珍惜国家的繁荣与稳定，更加积极地投身到国家建设中去。

在这一阶段，个体开始自觉地将个人的命运与国家的兴衰紧密相连。他们意识到，作为国家的公民，自己不仅享有国家赋予的权利与自由，更应承担起维护国家安全、促进经济发展、传承文化遗产等重任。这种责任感与担当精神，如同熊熊燃烧的火焰，激励着他们不断学习、不断进步，为国家的繁荣富强贡献自己的智慧和力量。

综上所述，随着个体的成长与家国情怀教育的深入实施，他们的视野逐渐从家庭扩展到国家层面，形成了对国家的深厚情感与高度认同。这种情感与认同不仅激励着他们积极履行对国家的义务和责任，更促使他们不断追求自我完善与进步，为国家的繁荣富强贡献自己的力量。

三、情怀的融合与超越：精神的升华与全球视野

家国情怀教育的最高境界，是一场心灵与精神的深度交融，它超越了简单的情感寄托与责任担当，而是将"家"的温情与"国"的宏大愿景巧妙融合，形成了一种超越个体局限、拥抱广阔天地的崇高境界。这种融合，不仅仅是情感层面的共鸣与升华，更是思想认知上的飞跃与突破，它要求个体在内心深处建立起一种家国一体的情感纽带，将个人的命运与国家的兴衰紧密相连，实现情感的深度共鸣与责任的共同承担。

在这一融合与超越的过程中，个体不再仅仅局限于家庭的小圈子，而是将目光投向更为广阔的国家舞台。他们深刻理解到，家庭是国家的基石，国家则是家庭的延伸与庇护。因此，他们愿意将家庭的小爱融入到国家的大爱之中，将个人的理想追求与国家的发展大局紧密结合，为实现国家的繁荣富强贡献自己的力量。这种结合，不仅让个体的努力有了更加明确的方向和更加深远的意义，也让国家的发展充满了无限的活力和可能。

更为重要的是，家国情怀教育还倡导个体在全球化的大背景下，保持一种开放包容的心态，尊重并学习其他民族和国家的文化，促进不同文明之间的交流互鉴。这种全球视野的拓展，让个体能够超越地域、民族、阶层的界限，以更加宽广的胸怀和视野去审视世界，理解并尊重多元文化的存在。在此基础上，他们更加积极地参与到构建人类命运共同体的伟人事业中，为推动世界的和平与发展贡献自己的智慧和力量。

综上所述，家国情怀教育的内涵深远且丰富，它是一个从家庭情感出发，逐步升华至国家认同与奉献，并最终实现情怀融合与超越的连续过程。在这个过程中，个体不仅经历了情感的洗礼与升华，更在思想认知上实现了质的飞跃。他们学会了将个人的理想追求融入国家的发展大局之中，以更加宽广的胸怀和视野去审视世界，成为了有担当、有爱心、有远见的新时代公民。因此，家国情怀教育不仅是新时代教育体系中不可或缺的重要组成部分，更是培养未来社会栋梁的关键所在。

家国情怀教育的价值

一、历史性与时代性的深度交融

家国情怀教育，是中华民族精神的重要组成部分，其根源深深扎植于华夏文明五千年的深厚土壤之中。从古代的"修身、齐家、治国、平天下"到近现代的"天下兴亡，匹夫有责"，无一不彰显着家国情怀的历史脉络与文化积淀。这种历史性的传承，使得家国情怀教育拥有了坚实的文化根基和深厚的情感共鸣。然而，随着时代的变迁和社会的发展，家国情怀教育并未止步于传统的范畴，而是紧跟时代的步伐，不断注入新的时代内涵。在新时代背景下，家国情怀教育更加注重培养青少年的历史使命感、社会责任感以及面向未来的创新能力，鼓励他们在继承传统的基础上，勇于探索未知，积极投身国家建设，为实现中华民族伟大复兴的中国梦贡献力量。这种历史性与时代性的深度交融，使得家国情怀教育既保持了传统的韵味，又焕发了新的生机与活力。

二、情感性与理性的和谐共生

家国情怀教育本质上是一种情感与理性的双重教育。它首先通过激发个体的爱国情感，触动心灵深处的柔软之处，让人们在情感的共鸣中产生对国家的深厚感情和忠诚之心。这种情感的激发，是家国情怀教育的重要起点，也是其深入人心的关键所在。然而，仅仅依靠情感是不够的，家国情怀教育还需要引导个体运用理性思维去审视国家的现状、挑战与未来。通过系统的历史教育、时事分析、政策解读等方式，培养个体的理性判断能力和批判性思维，使他们在面对复杂多变的社会现象时能够保持清醒的头脑和正确的立场。这种情感与理性的和谐共生，使得家国情怀教育不仅能够激发人们的爱国热情，更能够引导他们以理性的态度去认识和改造世界。

三、实践性与体验性的深度融合

家国情怀教育不仅仅是书本上的知识传授，更是一种生活实践和亲身体验的过程。通过组织学生参与社会实践活动、志愿服务活动、文化交流等丰富多彩的形式，让学生在实践中感受国家的进步与发展，体验为人民服务的快乐。这种实践性的教学方式，不仅有助于加深学生对家国情怀的理解和认同，更能够培养他们的社会责任感和实践能力。同时，体验性的教学方式也能够让学生在亲身经历中感受家国情怀的真实存在和重要意义。他们可以通过参观博物馆、纪念馆等场所了解国家的历史和文化；通过参与社区服务、环保行动等活动感受社会的温暖与力量；通过与国际友人的交流互动体验不同文化的魅力与差异。这种实践性与体验性的深度融合，使得家国情怀教育更加生动具体、深入人心。

四、系统性与层次性的精心构建

家国情怀教育是一个系统工程，需要从小抓起，并贯穿于教育教学的全过程和各方面。为了确保家国情怀教育的有效实施和持续发展，必须注重其系统性和层次性的构建。

首先，从系统性角度来看，家国情怀教育应该贯穿于小学、中学、大学乃至社会教育的各个阶段和环节之中，形成一个完整的教育链条。通过不同阶段的连续教育和引导，使学生逐步建立起对国家的深厚情感和责任感。

其次，从层次性角度来看，针对不同年龄段学生的认知特点和心理发展规律，要设计不同层次的教育内容和活动形式。在小学阶段，注重培养学生的基本道德观念和社会责任感；在初中阶段，加强学生的历史教育和时事分析能力；在高中阶段，则更注重培养学生的国际视野和全球责任感。通过这种由浅入深、循序渐进的教育引导使家国情怀教育成为一个连续不断、螺旋上升的过程。

五、多元性与包容性的广泛展现

在全球化背景下不同文化、不同价值观的交流与碰撞日益频繁。家国情怀教育在传承和弘扬中华优秀传统文化的同时，也需要积极吸收和借鉴其他国家和民族的优秀文化成果。这种多元性与包容性的展现，不仅丰富了家国情怀教育的内涵，也促进了不同文化之间的交流与融合。在教育过程中我们应该鼓励学生接触和学习不同文化的优秀元素，了解其他国家和民族的历史与现状；通过举办文化交流活动等方式，促进不同文化之间的对话与合作；同时还应培养学生的跨文化沟通能力和全球视野，使他们能够在全球化的浪潮中保持开放的心态和包容的精神。这种多元性与包容性的广泛展现，使得家国情怀教育更加符合时代的需求和世界的潮流。

六、传承性与创新性的紧密结合

家国情怀教育既是对中华优秀传统文化的传承，也是对新时代背景下教育创新的探索。在传承方面，我们深入挖掘和阐发中华优秀传统文化的时代价值，弘扬民族精神并培育民族自信心。通过讲述历史故事、传承传统美德等方式，让学生了解和认同中华民族的优秀传统文化；同时还应加强对中华优秀传统文化的研究和阐释，挖掘其深层次的思想内涵和时代价值。在创新方面，我们积极适应新时代的发展要求，创新教育方式方法，提高教育效果和质量。运用现代信息技术手段如网络、多媒体等丰富教学手段和形式，注重启发式、探究式等教学方法的运用以激发学生的学习兴趣和创造力，同时还应加强教育评价和反馈机制的建设，及时评估教育效果并作出相应调整。这种传承性与创新性的紧密结合，使得家国情怀教育既具有深厚的文化底蕴，又具有鲜明的时代特色。

家国情怀教育是中华优秀传统文化的瑰宝，是新时代背景下培养担当民族复兴大任时代新人的重要途径。通过深入挖掘家国情怀教育的内涵与特点，我们可以更加清晰地认识到，其在塑造个体品德、凝聚民族精神、推动国家发展方面的重要作用。因此我们应该高度重视家国情怀教育的研究与实践，不断创新教育方式方法，努力培养出更多具有深厚家国情怀的时代新人，为实现中华民族伟大复兴的中国梦贡献智慧和力量。

求真育人：厚植家国情怀，描绘教育同心圆
——珠海市九洲中学校家社共育特色品牌
（珠海市九洲中学）

为贯彻落实《中华人民共和国家庭教育促进法》和《教育部等十三部门关于健全学校家庭社会协同育人机制的意见》，立足于九洲中学教育集团家庭教育工作，营造"学校主导、家家参与、社区支持"的家庭教育良好生态，根据我校"求真育人"理念，自集团校成立后，九洲中学教育集团形成了"求真育人：厚植家国情怀·描绘教育同心圆"的校家社共育特色品牌。

一、启动"求真育人：厚植家国情怀·描绘教育同心圆"项目，打造求真育人校家社协同育人共同体

根据"求真育人"理念，珠海市九洲中学教育集团以珠海市家庭教育指导中心为基础，借助北师大"家校共育·阳光行动"项目，依托姜楠名书记工作室平台，启动了"厚植家国情怀·描绘教育同心圆"这一项目。

此后，九洲中学将校家社共育纳入我校"求真"校本课程，结合省市课题，致力于打造求真育人校家社协同育人共同体，逐渐形成了"求真育人：厚植家国情怀·描绘教育同心圆"校家社共育体系。

二、探索形成"求真育人：厚植家国情怀·描绘教育同心圆"校家社共育体系

第一，做好顶层设计，为"教育同心圆行动"赋能。我校将校家社共育基地建设列入学校工作计划，制定了《九洲中学教育集团"厚植家国情怀·描绘教育同心圆"校家社课程体系建设方案》《九洲中学教育集团校家社基地共建制度》《九洲中学教育集团家长学校制度》等，由姜楠书记统筹，学校学生处、关工委成立"珠海市九洲中学教育集团校家社共育中心"，统筹协调共育工作。中心按学期设计《校家社共育基地实践系列活动方案》，定期总结反馈，责任到人。九洲中学教育集团求真育人校家社共育体系建设路线图如图1-1所示。

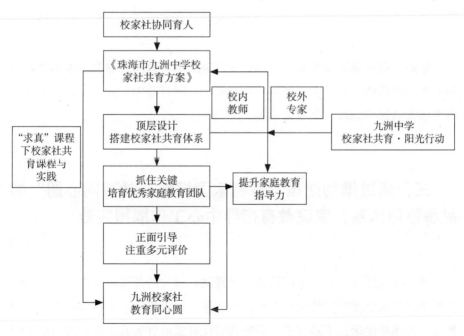

图1-1 九洲中学教育集团求真育人校家社共育体系建设路线图

第二，抓住关键队伍，组建家庭教育指导中心优秀团队。我校联合社

会力量，聘请了北师大心理专家、法治副校长、交警大队队长、消防局队长、资深老师、心理健康老师、校领导、学校中层等人员，打造了一支集专业性、智慧性、服务性于一体的共育辅导员队伍，并制定《辅导员考评、奖励、培训制度》及《管理细则》，为校家社共育课程提供核心动力，并将家庭教育指导情况纳入考评体系。

我校依托家长学校，通过微课、专题讲座、家教沙龙、亲子活动等线上线下形式，向家长传递家庭教育知识，在"求真"校本课程下开展丰富多彩的校家社共育实践活动，并形成系列家庭教育课程，定期表彰好家长好家庭好家风，促成九洲好家风建设。为进一步加强辅导员队伍，校领导、中层干部均考取了广东省中小学德育研究会家庭教育指导师资格。

第三，打造"求真课程"下的校家社共育系列课程，开展厚植家国情怀特色系列共育实践活动。将家庭教育指导中心建设纳入我校"求真"课程体系建设，联合社会力量，以"厚植家国情怀"为核心，开发"父母课堂"校家社共育系列课程，组织丰富多彩的校家社共育实践活动，促成校家社三方合力。

第四，携手粤港澳大湾区姊妹校澳门濠江中学共同开展厚植家国情怀系列共育交流活动。宣传中华优秀传统文化，共同打造中华好家风，努力推动粤港澳大湾区基础教育高质量发展。

三、通过推动建设"厚植家国情怀·教育同心圆"的品牌特色体系，家庭教育指导中心工作取得实效

通过推动建设"厚植家国情怀·教育同心圆"的品牌特色体系，我校家长对新时代家庭教育观的理解不断深入，家庭教育责任意识逐步提高，家庭教育方式逐步优化，不断促成一个个新时代好家风好家庭出现。九洲中学学生屡获国家级、省、市、区大奖，学生在德智体美劳方面均获成长。

同时，九洲教育集团出版了校家社共育专著。2023 年姜楠书记专著《教育同心圆：五育并举视野下的家校共育》由吉林大学出版社出版。2024

年姜楠书记《求真：让课堂生长》出版。专著立足九洲教育集团实践，以家校共育为着眼点，以促进学生综合素质发展为目标，探索如何通过主动沟通及创新交流等多样化的家校合作方式，产生家校互补共赢的合作效果，共促学生成长。

2024年，我校开展了多场各类型校家社共育活动，惠及家长2500多人。九洲中学多位校领导、中层、教师获得家庭教育先进个人、香洲区家庭教育指导师称号。九洲中学多位班主任老师的家庭教育指导设计案例、家庭教育故事、家长课程感悟被选入香洲区教育局编制的《家长学校教案集》《家长学校教学案例集》《家长学校学院心得集》。我校多位家长被评选为家长学校优秀学员、香洲好家长空中课堂优秀家长。

未来我校会继续加强共育连结，不断提高家庭教育指导服务水平，营造校家社共协同育人工作格局，描绘校家社共育最美同心圆！

涵养家国情怀：筑牢发展之基，助力学生幸福成长（珠海市田家炳中学）

家国情怀能让我们持续保持民族特色和民族自尊心的情感动力。在学生成长和成才的过程中，家国情怀教育对其价值观的形成具有重要的指导作用，对校园文化的建设有重要现实意义。

中小学生的家国情怀是中小学生在学习、实践中逐步形成的适应个人发展与家国发展需要的必备品格、关键能力和价值观念，体现为他们对家庭、家乡、民族和国家的高度认同、持续维护与深沉热爱，并自觉承担相应的社会责任与价值使命。

珠海市田家炳中学（珠海田中）开展的家国情怀教育，从家国文化、家国情感、家国实践和家国担当四个方面来展开教育活动。主要体现在继承传统文化，丰富学生的家国文化知识；依托红色之旅，厚植学生的家国情感；把握学校、家庭与社会三大主体，提升学生的家国实践能力；树立家国历史观、责任观和发展观，增强学生的家国责任担当。

一、家国文化——涵养家国情怀的根基

文化是国家、民族的灵魂，是民族的血脉。文化兴则国运兴，文化强则民族强。没有高度的文化自信，没有文化的繁荣兴盛，就没有中华民族的伟大复兴。增强文化自信，首先要传承弘扬中华民族优秀的传统文化。

　　文化自信来源于厚重的历史沉淀。传承优秀的传统文化，首先要学好历史，了解和掌握文化的产生、发展和取得的成就，从而对传统文化产生热爱、敬畏和自信，不断增强自豪感，主动吸取精华，去除糟粕，延续发展；其次要讲好历史故事，尤其是历史英雄人物的故事，树立中国人自己的价值标杆，增强中国人对祖先的崇拜，壮大中华民族精神，从而推动优秀的传统文化入脑入心入行，让中华优秀传统文化融入每一个中华儿女的血脉中，代代传承。

　　历史连续不断，文化一脉相承，发展是继承的必然要求。弘扬优秀的传统文化要做到与时俱进、推陈出新，在新时代建设社会主义现代化强国的伟大实践中不断赋予优秀传统文化时代内涵，不断丰富文化内容，拓展文化外延，更加广泛地凝聚人心、汇聚力量，为实现中国梦而努力奋斗。同时讲好中国故事，让世界了解并支持中国人民坚持和平发展、互利互惠、合作共赢的主张，深信笃行各美其美、美人之美、美美与共，让中国的传统文化为世界发展贡献智慧。

　　校园活动：

　　1.诵读红色经典，唱响时代旋律——珠海市田家炳中学举行诗文诵读比赛。

　　活动中，诵读者们时而铿锵、时而婉转，时而声贯长虹、时而低吟倾诉，精彩演绎了《党旗颂》《有一页历史》《美丽中国》《红船，从南湖启航》等红色诗文，声情并茂的诵读让同学们重温了波澜壮阔的百年征程并体会了历久弥坚的百年初心，感染了在场的每一位同学，引发广泛的情感共鸣，赢得现场阵阵掌声。诵读者们满怀深情地表达了对祖国母亲的感激和热爱之情以及对民族英雄的崇敬之情。诵读者们热情讴歌了中国共产党一百年来波澜壮阔的光辉历程，展现了对党和国家的无比热爱，让同学们深刻感悟了老一辈共产党人以身许国、矢志不渝的赤子情怀。

　　2.诵经典，迎开学。

　　诵经典，迎开学。《朱子治家格言》诵读是我校开学典礼的优良文化传统，在每学期的开学典礼中，全校师生一起诵读经典，以告诫自我要勤俭节约、不贪便宜、公平厚道、诚实待人、与人为善、尊师长、爱亲友、为社会做贡献。

珠海田中的开学第一课别具特色，开学季以诵经典、习国学、修美德的传统文化形式，迎接全新的求知旅程。

在高一年级的学生看来，诵读经典不仅可以更加深入地了解博大精深的中国传统文化，还可以从中收获正能量，用经典指导日常生活。

二、家国情感——涵养家国情怀的核心

（一）红色之旅

这是时代赋予青少年的新的长征！少年兴则国兴，少年强则国强。青少年要接过长征精神的光辉旗帜，适应时代发展的要求，锐意进取，自强不息，真正把爱国之志变成报国之行。

让青少年通过红色之旅，弘扬革命精神，努力拼搏，去追寻金色的理想，追寻明媚的春光，追寻火红的太阳！

红色之旅：

1.我校师生开展"学党史、感党恩、跟党走"主题教育活动之参观杨匏安陈列馆。

瞻仰聆听革命先烈事迹，重温入党誓词，追寻红色足迹，感受红色情怀，传承红色基因。听取讲解员讲述杨匏安少年时期的成长经历和优秀品质、传播马克思主义的突出贡献、投身革命斗争的感人事迹、杨匏安良好的红色家风等故事。

2.追溯红色足迹，传承爱国主义精神——珠海市田家炳中学五四青年节系列活动。

随着五月的到来，我们迎来了属于青年的节日——五四青年节。这是一个充满青春活力、热血沸腾的日子，也是一个回顾历史、传承精神的日子。在这个特殊的日子里，珠海市田家炳中学团委组织青年学生、团员到爱国主义教育基地，开展一场爱国主义教育，通过参观身边的爱国主义教育基地，感受红色文化，传承五四精神。

3.强化党纪教育，共筑红色精神高地——珠海市田家炳中学"学党纪党规强党风党性"主题党日活动。

党纪学习教育开展以来，珠海市田家炳中学党组织采取"三会一课"、主题党日等方式深入开展党纪教育、党性教育、廉洁教育，推动党员、干部把遵规守纪刻印在心，强化纪律自觉，始终做到忠诚干净担当，为学校高质量发展提供优良纪律作风保障。

在这个充满红色记忆与奋斗激情的七月，珠海市田家炳中学党委积极响应党纪学习教育的号召，组织全体党员集体前往斗门镇小濠涌党史教育基地开展主题党日活动。此次活动以"学党纪党规强党风党性"为主题，不仅是一次心灵的洗礼，更是对全体党员忠诚干净担当精神的再动员、再强化。活动现场，校党委组织委员、第一支部书记以《听党话，跟党走》为题，为全体党员上了一堂生动的党课。

（二）爱国影片

红色电影在于诠释时代精神，弘扬和谐社会的价值观念。红色影片以"革命主义"和"英雄主义"为核心价值高度，包含了爱国主义、集体主义、科学精神和高尚道德情操，演绎出正面引导作用的人物和故事，展现出各种场合中的英雄人物的榜样力量。电影荧幕将历史生动真实地展现在眼前，无数革命烈士用鲜血生命捍卫祖国山河，保护人民生命，从他们身上，我们看到了革命英雄坚如磐石的理想信念。

从这个意义上说，红色影片提供了近代史教育、革命传统教育、革命理想主义教育的最佳素材。加强师生的爱国主义教育，树立正确的世界观、人生观和价值观，赓续共产党人的精神血脉，让红色基因和革命薪火代代相传。

用好红色资源，传承红色基因，让我们一起重温红色经典电影，感悟革命先烈艰苦奋斗不屈不挠的革命精神。

校园活动：

1.国防教育进校园师生共筑强国梦——珠海市田家炳中学组织师生观看国防教育影片《边疆军魂》。

为进一步加强国防教育，增强师生的国防观念和国家安全意识，激发师生爱党爱国爱疆情怀，珠海市田家中学组织师生800多人在校园新广场（露天）观看军旅影片《边疆军魂》。

学生观后感：在20世纪80年代，本片的主角——薛正扬，怀揣着青春的梦想与激情参军，入伍后他被分配到了艰苦的内蒙古阿尔山边关哨所。这样恶劣的环境让他产生了彷徨和动摇，然而最后他顽强地克服了恶劣的自然环境，像一颗永不生锈的钢钉扎根在阿尔山边关，似一把大国利剑坚守在祖国边防第一线。看到这里，我不由得想起李大钊先生曾在文章《青春》里写到的一句："此系乎青年之自觉何如耳。"青春的本色是青年人的责任，责任源于青年人的自觉。薛正扬完全可以选择更加安逸的生活与工作，但他依然无悔选择了边疆，只因祖国需要，时代需要。是啊，我由衷地感慨，青春的理想要与时代相辉映，青年有责任与祖国同奋进，我们青少年更应自觉，行动起来，树立理想，努力奋斗，不负时代，不负韶华。

2.组织全校师生聚集在升旗广场观看露天电影《建党伟业》。

学生观后感：当举国上下大规模地罢课、罢工、罢市纷纷响应学生；当中国代表拒绝在《凡尔赛和约》上签字后拂袖离去……这一幕幕快节奏的镜头衔接，是革命热情和爱国情怀的浓缩和迸发，是任何一种力量都无法抵御的！那一刻，我如同被闪电击中，一股流体已然在体内串起、迸溅。如果我能故作坚强地说不落泪，那一定是假的。那一刻，我才感受到，原来真的有种东西叫做血脉相连，真的有种感情叫做家国情怀。

三、家国实践——涵养家国情怀的体现

青年兴则国家兴，青年强则国家强。家国情怀是中华优秀传统文化的核心价值理念，其本质是一个人对社会和谐、国家富强、人民幸福所展现出来的深厚感情和理想追求。家是最小国，国是千万家。"中国梦是历史的、现实的，也是未来的。""新时代中国青年要听党话、跟党走，胸怀忧国忧民之心、爱国爱民之情，不断奉献祖国、奉献人民，以一生的真情投入、一辈子的顽强奋斗来体现爱国主义情怀，让爱国主义的伟大旗帜始终在心中高高

飘扬。"厚植学生们的家国情怀，既是对生生不息、薪火相传的中华优秀传统文化精神的传承，也是引导新时代学生心怀"国之大者"、以舍我其谁的使命担当，争做新时代的奋斗者、追梦人的有效途径。

（一）校园活动

1."冷拼盘比赛"——珠海市田家炳中学劳动教育周系列活动之一。

随着主持人一声令下，参赛队员纷纷投入到认真的创作中。比赛过程中，气氛轻松活跃，参赛者们精心构思，合理分工，团结协作。参赛队员们充分调动自己的手眼脑，用自己的智慧将一个个生硬的蔬菜瓜果，雕琢摆弄成一件件优美的艺术品，展示出本小组成员的集体创意。切条，传递，雕花，摆位，堆砌……《沁园春长沙》《田园星空》《春意盎然》等作品逐渐完成。这些参赛作品无不体现着参赛者们的精心设计。

"冷拼盘大赛"比赛是学校幸福教育中"生根生长生活"教育的一部分，尽管只有短短的40分钟，但引起了很多同学的关注，收获了广泛好评。很多同学都表示此次活动不仅体验了一把自己设计的感觉，更锻炼了动手能力，体会到自己动手劳动的乐趣以及团队智慧的力量。

2.春分人间好时节——珠海市田家炳中学采摘桑葚活动。

春分已至，陌上花开，草木蔓发，春山再望。为全面提高学生综合素质，积极贯彻落实"立德树人"，珠海市田家炳中学团委联合总务处开展了绿美校园系列活动暨学农社会实践活动——采摘桑葚。

下课之后，同学们来到了体育场旁的果园里。果园里的桑葚品种是长果桑，又名超级果桑、紫金蜜桑。它有青草和蔬菜的香，果实细腻，颗颗饱满，鲜甜爽口，含糖量高达20%，风味极佳。

学生活动感想：

桑葚的甜饱含辛苦的汗水。今天下午，我和学校学生会的同学们一起去到学校的生态园摘桑葚。当我第一次看到桑葚时，我有点激动。以前吃的都是现成的，第一见长在树上的。桑葚有绿色有红色，是能吃的。我们大家一起面朝黄土背朝天，把书上的知识运用到现实中，成功地实现了劳逸结合。这次活动丰富了我们的课后时间和生活上的见识，真是一次有意义的活动。

在这个艳阳高照的下午，我们收获颇丰。大家共同合作，摘取了"胜利的果实"，同时也收获了喜悦，更让我明白了团结合作的好处。摘桑时一片欢声笑语，大家的心里也泛起了欢乐的涟漪。通过这次活动，我体会到了"自己动手，丰衣足食"的道理。

3. 心理广播剧大赛——珠海市田家炳中学心理健康教育活动。

为了营造良好的心理健康教育氛围，引导大家树立良好的心理价值观，提高同学们的心理综合素质，我校学生处心理室组织开展了第一届"声动我心，心向阳光"校园心理广播剧大赛。

此次大赛共有六部作品经过重重比拼，脱颖而出，最终入围决赛。各组的作品虽风格各异，但内容丰富，令人回味。

（二）家校携手

1.家校携手，共促成长——珠海市田家炳中学召开期中家长会。

会上由中国关工委课题组组员王红老师开展家庭教育公益培训活动。培训活动中，王红教授从亲子问题的表现、问题的根源及应对方式等方面对亲子关系进行了阐述，指出亲子关系中应做到信任和接纳，要学会控制自己的情绪，做到正确地爱，不宠爱、不溺爱，营造良好的育人环境等。

学校以"做好升学选择，成就美好人生"为主题做升学规划指导。在如何进行升学选择方面，提出：一是找准定位，务实选择；二是有的放矢，精细备考；三是转变观念，换位思考。

2.家校护航，携手共进——珠海市田家炳中学期末家长会。

安全无小事！会上斗门志愿警察大队宋丽艳警官开展校园法制专题讲座，提醒学生和家长谨防各种形式的网络诈骗，建议学生合理使用手机，多进行亲子互动。列举许多真实生动的案例，为家长敲响警钟，为学生的平安保驾护航。

时间是有限的，但沟通带来的价值却是无限的。此次家长会，拉近了家校之间的距离，也让家长和老师们更加明确同心共育的方向。只有家校携手用心浇灌，奋楫笃行，才能助力一路远航！

3.家校同心齐助力携手共进赢高考——珠海市田家炳中学高三年级家长会。

为了拓宽学生的升学途径，会议邀请了科大高新教育集团的老师来做出国留学升学的介绍，老师们分享了一些高中生出国深造升学的经历，通过列举一些课程优势、教育优势和培养优势等让学生和家长们多了解一些升学的途径，拓宽自己的视野。苏霍姆林斯基说："最完备的教育是学校与家庭的结合。"相信持续努力的价值，相信奋斗终将美好。

（三）社会实践

1.实践促成长，青春勇担当——记珠海市田家炳中学高一年级学生学工实践活动。

我校学生带着如春般的蓬勃朝气，来到学工基地珠海市斗门区旭日陶瓷有限公司、珠海市白兔陶瓷有限公司，以班级为单位开展半天的学工实践活动。

从钢筋水泥的教室操场，到机器满目的工厂大车间，学生学习到课堂上学不到的知识，更重要的是通过此次体验式的学工实践活动，让平时"养尊处优"的孩子们在嘈杂、燥热、枯燥、令人劳累的生产一线环境里体验社会工作的艰辛，学习劳动人民吃苦耐劳、精益求精、坚守岗位的匠心精神，培养劳动光荣的价值观。这样的体验教育，正是现时最缺的教育，扎根生活、贴近情感的教育才是最有效的教育。

此次学工活动以"实践促成长，青春勇担当"为主题，通过亲身参与、体验一线生产车间的工作，让学生感受优秀企业文化，体会工人劳动的光荣与艰辛，培养吃苦耐劳的精神和劳动光荣的人生观，同时加深对社会工作的感性认识，端正学习态度，珍惜学校时光。

2.珠海市田家炳中学在升旗广场举行了"青春建功新时代志愿奉献我先行"的雷锋志愿服务活动启动仪式。

近百名学生志愿者参加了仪式。阳春三月，又是植树好时节。当天下午，我校的志愿者们踏出了校门，与东和小学开展了友好共建活动——共植友谊之树。同时，团委组织学生志愿者40人，协助东和小学协助开展"红领巾义卖献爱心活动"。东和小学的这次义卖活动所得的款项全部捐赠给敬老院及为贫困学生购买文具。

3.垃圾分类践行时，积极分子当先锋——珠海市田家炳中学团校开展入团积极分子社会实践活动。

为响应习近平总书记关于"绿水青山就是金山银山"的号召，进一步实现生活垃圾零填埋。根据《中学共青团改革实施方案》和《中国共产主义青年团发展团员工作细则》文件要求，要严格发展标准，规范入团程序，提升学生团员发展的质量，提倡入团先当志愿者的原则让学生充分了解垃圾分类的知识。提升学生的政治思想理论和实践水平，珠海市田家炳中学入团积极分子前往珠海信环环保有限公司进行社会实践活动。

我们每天所产生的垃圾经过环保工人的清理，将会运到信环环保公司进行处理。垃圾会先通过垃圾卸料系统，这个系统由免压控制，垃圾将在卸料区堆放6~7天，然后脱去垃圾中带有的水，再进行焚烧。焚烧可分为一进四出，一为垃圾进厂，四为灰渣气水。灰是飞灰，用于重金属捕捉，其化学性质也比较稳定；渣是炉渣，经过一系列工业手段可变为透水砖，透水砖的最大好处就是吸水；气是臭气，由非压控制；水是渗滤液，进行处理达到工业用水的标准。为了使我们的环境更加美丽，让我们一起携起手来共建美好校园，进行垃圾分类就从现在开始吧！

4.花开意正浓，学农满载归——珠海市田家炳中学高二年级开展"生根、生长、生存"主题研学活动。

春光明媚，春意满园。为引导学生体验劳动的喜悦，体会"劳动最光荣，劳动最崇高，劳动最伟大，劳动最美丽"的深刻内涵，全面提升学生的综合素质，在实践中促进学生德智体美劳全面发展，珠海市田家炳中学师生前往斗门区莲洲镇十里莲江开展"生根、生长、生存"主题研学活动。

通过传统农耕农具展示，客家咸茶制作，浑水摸鱼，柴火野炊，石磨磨米粉，劳动插秧等活动，学生们不仅增长了技能，更在劳动中培养了集体主义精神，锤炼了艰苦奋斗的意志品质。相信此次活动中，同学之间的美好情谊，劳动过程中的友好互助，师生同乐的美好感情都成为彼此心中一道靓丽的风景。

四、家国担当——涵养家国情怀的重点

新时代青年学生建功立业的舞台空前广阔、梦想成真的前景无限光明。新时代青年学生要树立远大理想、热爱伟大祖国、勇于砥砺奋斗。新时代青年学生不回避眼前的困顿，不逃避长远的问题，在认定方向的同时拥有更加负责任的态度，担当起国家发展、民族进步、人民幸福的历史使命，为中国梦的实现添砖加瓦。

（一）感人篇：秉承田家炳"信善爱"精神

1.回顾、奠基情景，田老卖楼助学，正是我校签约项目的2001年。

珠海市田家炳中学是一所创建于60年代的有着悠久历史的学校，学校校风醇厚，人文朴素。2001年得到香港慈善家田家炳先生签约捐资，2003年正式更名为"珠海市田家炳中学"。

学校占地约86000平方米，学校现有48个教学班，师生总数2400多人。学校拥有一支团结、务实、勇于创新的新领导班子，一支敬业、和谐、眼中有光、灵魂有爱的教职工队伍。在田家炳"信善爱"精神的熏陶、感召下，经过几年的探索，不断开拓，学校树立"习礼崇文，幸福成长"的办学理念，以"尚礼崇德，守正创新"为校训，确立了以"礼善"为核心的校园主题文化，引导学生健康成长，创建田中幸福校园。

2.田家炳先生把自己总资产的80%都用于慈善事业。

2001年香港"金融风暴"后，基金会的收入大大减少，手上能周转的资金又少，但已经答应了别人的申请，有了承诺就要做到，于是他下决心把房子卖掉助学。

田家炳对钱认识是："我虽然不是最有钱，但我一直在想尽自己的绵力。钱财都是身外物，特别是，看到一栋栋教学大楼拔地而起，听到万丁学了的读书声，精神上的享受也比物质上的享受好得多。"

"我捐钱盖了楼，不用你们感谢我，你们能把我捐资的学校办好，我还要感谢你们。"

"在我爸爸妈妈的治家格言里，一粥一饭当知来之不易……我是农村出来的，又有过艰辛创业的经历，很容易体会到每一样东西都是一种社会物资，都来之不易，哪怕是一根针、一粒米。"

"我认为'够用'就好，所以，到现在没有购置专车，每天坐地铁上班，房租成为我日常最大的支出。这样，当然可以省下一些'小钱'，但我却希望我的这点'小钱'能用在对的地方，比如为孩子、为国家、为民族。"

（二）缅怀篇：传承家炳精神，绽放时代光芒

田家炳博士诞辰纪念日，珠海市田家炳中学开展了系列纪念活动，全体师生怀着崇敬的心情，追思他为中国教育、建设和改革事业不懈奋斗的光辉一生，学习他的奋斗精神和崇高风范。

系列活动之一：《开学第一课》。

珠海田中围绕立德树人的教育宗旨，学校秉承田家炳"信善爱"精神（田家炳先生是大企业家，源自于诚信立业、所以是香港化工大王；田家炳先生是大慈善家，源自于行善积德，所以能名满天下；田家炳先生是大教育家，源自于大爱无疆，所以尊称"百校之父"。田家炳先生"信·善·爱"是我校文化精神的新内涵，是我们的精神图腾），经过几年的探索，不断开拓，树立了习礼崇文，幸福成长的办学理念，以尚礼崇德，守正创新为校训，确立了在活动中育人，在文化中育人的德育工作理念，树立全员育人（让每个老师都成为导师）、全面育人（让每个导师都能关注全体学生）、全程育人（让每个学生全程都能得到关注）的德育新观念，努力打造以礼善为核心的校园主题文化，充分利用环境、礼仪、活动育人，塑造能习得、会感受、愿分享、要追寻"幸福"的师生，努力促进师生幸福成长。

田家炳先生是香港著名实业家和慈善家，一生致力服务社会，贡献国家，令人景仰。田家炳先生是化工界的翘楚，对香港的工业发展贡献良多。田家炳先生数十年来亦全情投入慈善事业，他于1982年创办田家炳基金会，大力捐助香港和内地不同范畴的项目，包括教育、文化、医疗、基建及福利服务。田家炳先生尤其看重教育事业的投资，不遗余力地助学兴教，为人称颂。

　　田老经常把"中国的希望在教育"这句话挂在口边，故把大部分财产及精力都投入到中国教育实业上，而且把捐资重点放在内地的落后地区。他特别重视师范教育，有时资助的师范学院位处偏僻之地，他就算年迈仍坚持参加开幕礼，以争取机会与老师座谈，听他们意见，鼓励他们教好学生，为国家教育英才。

　　系列活动之二：学生朗诵队深情朗诵诗歌《赞田家炳星》，以表达对田老先生的敬意和怀念。全体师生合唱歌曲《幸福像阳光一样》，感念田家炳先生一生视慈善为事业，倾注心力于教育，倾其所有，为社会为国家所作出的杰出贡献。

　　浩瀚的宇宙，有一颗最亮的星，在注视着我们，在关心着我们；过去，他用巨额的物质财富帮助着我们，现在，他用永恒的精神遗产鞭策着我们……这颗最亮的星就是田家炳星。

　　系列活动之三：纪念田家炳诞辰系列活动之手抄报比赛。在这个特殊的日子，师生们再一次走近田老，了解田老的生平事迹及田老与田校的故事。

　　系列活动之四：纪念田家炳诞辰系列活动之书法比赛。在这个特殊的日子，学习他爱国爱乡、己立立人、勤俭诚朴、爱人以德的高尚品质。

　　系列活动之五：纪念田家炳诞辰系列活动之绘画比赛。在这个特殊的日子，师生们再一次走近田老，感受田老的大爱情怀。

　　系列活动之六：纪念田家炳诞辰系列活动之主题班会优质课评比。分年级确定主题："田家炳文化"中的"信"（高一）、"善"（高二）、"爱"（高三）。

　　系列活动之七：田家炳基金会促进学校教师成长。为加强学校的英语基础教育以及提升英语教师的专业能力，田家炳基金会（Tin Ka Ping Foundation）开展广东田家炳中学校本英语支援计划项目。我校参加了第三期广东省田家炳中学校本英语支援计划——英语教师学习共同体。经过专家指导，核心学校团队与伙伴学校结对帮扶，通过培训、校本支援及教学考察交流等形式，提高了我校英语教师的专业素养及个人教学能力，构筑了我校英语教师学习共同体，发展教师学习社群，同时组建了校内专业的英语教学团队，对发展和推动有效的校本英语教学起到了积极的作用。

　　系列活动之八：随着教育理念和教育形势不断变化，德育工作在传承我校优秀传统的基础上也必须不断创新和改进。要求我们必须更加深刻地思考德育的本质，优化德育的方法。德育科研是提升学校德育的最好途径。我校得到香港基金会的大力支持，凭借着"两广田中德育特色品牌建设计划"的重大项目，在田家炳基金会的直接指导下，经由华南师大郑航教授组成专家团队和我校的精诚合作，指导和帮助我校打造德育特色品牌，提升我校育人质量，促进我校优质发展。

纪念活动分为八个部分，深情回顾了田家炳先生无私奉献、矢志报国的伟大一生，缅怀了先生的非凡业绩、杰出贡献和崇高风范。

通过活动倡导广大师生学习田家炳先生身教重于言传的家庭美德。田家向来重视家风教育，强调从自身做起，从细节着手，身教重于言传，如田家炳先生一贯主张生活节俭，他没有专车，外出自备水瓶、肥皂等生活用品，因为他觉得使用一次性用品太浪费。他觉得：己立才能立人，其身正不令而行，潜移默化，润物细无声的熏染之功，效果会更明显。我们要学习他诚信经营的职业道德。胆识和眼光能将生意做大，而田家炳先生将生意做强、做长久靠的还是良好的职业道德。田老的职业道德，是一"诚"字，即对人诚恳和诚信。早在家乡经营砖瓦窑时，他就以诚实不欺的作风获得买家信任，从而站稳脚跟。对待同行竞争，他并无赶尽杀绝，逼人太甚，而是让利合作，互利共赢，生意的规模却做得更大。诚恳待人，诚信经营，田家炳先生信奉诚字诀，得道多助，将田氏企业不断发展壮大。我们要学习他回报社会，造福人民的社会公德。从1982年开始，田老就成立非牟利的田家炳基金会开展其第二事业——慈善事业，将其名下价值十几亿元的四栋大厦租金收益，全拨给基金会，并把家族生意每年所赚利润的十分之一用作基金会经费。他资助的多项公益事业以教育为主，他坚信中国的希望在教育，他对助学不但钱到、人到、更是心到，每项学校工程，都事无巨细，关怀备至，一些建筑细节如通风、采光、散音等，他甚至要亲自建议和修改。

田老倾注心力关注教育，还体现他不顾高龄，亲自造访全国每一所田家炳学校。田老一行人曾到珠海校考察指导，令人印象最深的是他的演讲，他语速舒缓，声音清亮，谈自身经历及人生价值观，勉励学校学生向学竞学，娓娓而道，让人如沐春风，全无一点富人的傲骄之气，有的只是一颗诚朴而透彻的赤子之心。

在纪念田家炳先生的系列活动中，倡议每个田中教师都要遵循田老先生的话，教学生做人，做个有文化的人，做个有责任有担当的人；倡导作为新一代的青少年，一定要将这种精神化作学习的动力，用实际行动、优异的成绩、良好的品德回报田老先生的善心。

珠海市田家炳中学秉承田家炳先生"育德比育才更为重要"的理念，牢记田家炳先生"勤、俭、诚、朴"的品格，努力传承田家炳先生"崇仁履义，自强不息"的精神，大力发扬田中精神，认真工作，努力学习，担当责任，竭尽心智于教育，抛洒汗水育栋梁，以田家炳先生为榜样，"成就自己，回报社会"，笃行善举，传递爱心，把田老先生爱国爱乡之善举视为宝贵的精神财富。

（三）寻根篇：寻根之旅，探寻田家炳的文化之根

学校管理团队开启"田家炳文化寻根之旅"，唤起田家炳"信善爱"精神的共鸣。学校管理团队用亲身体验，淋漓尽致地感受田家炳家乡淳朴之美；用感情交流，感悟我校与田家炳文化不可割舍之情。田家炳用一颗赤子之心，守护了数百万莘莘学子的读书梦。客家人的祖先崇拜、重教观念、寻根意识、开拓精神以及奇特而丰富多彩的民俗风情等，深深打动了珠海市田家炳中学的每一位寻根人。

"寻根之旅"是一次学习之旅、文化之旅、感恩之旅、传承之旅，当好守护和传播田家炳"信善爱"精神的使者，传承发扬田家炳先生爱国爱乡的优良传统，秉承田家炳先生艰苦奋斗的创业精神，不忘初心做教育，同心共筑中国梦，为推进中国教育事业发展作出我们应有的贡献！

加强学校国情教育 提高师生思想素质
（澳门濠江中学 尤端阳）

一、开展国情教育的做法

青年是澳门的未来，国情教育是让青少年有民族感、对国家有认同感、归属感、自豪感。中小学生接受爱国爱澳教育，对作为爱国学校的濠江中学来说，更是义不容辞的责任。

（1）细化工作目标，全面落实教书育人的职责。

其一，制订全学年（学期）学校思想品德教育课（周会）计划，做到内容符合校情、学生的实际，讲演有质量，听众有收获。这几年结合国情教育，学校周密安排周会，内容丰富，如每年人大、政协会议的传达，结合校情的三八妇女节讲解会，迎国庆、迎回归的庆祝活动，邀请国内外社会知名人士畅谈成才经验，法制局、司警局的法制宣传，达标班级经验交流，社会考察交流分享会，毕业旅行分享会，初一飞鹰、初二军训、初三慈青营活动分享会，班主任管班心得分享会等，让师生既了解国内改革开放的形势，又知道澳门回归后的巨大变化，激发师生的爱国、爱澳热情。

其二，完善达标班级评比机制及"礼貌之星"选举机制，促进班集体及个人的健康成长，形成良好的学习氛围，令学生个人举止言行文明有礼，培养一代新人。

其三，开展体育节、读书节、感恩节、科艺节和校友节等校园文化节活动。"体育节"，强身健体；"读书节"，品味书香；"感恩节"，感恩万物；"科艺节"，科艺陶情；"校友节"，凝聚人心。

（2）学生会大力推行"国情""澳情""校情"的宣传教育工作。

学生会配合学校大力推行爱国教育，如"基本法常识问答比赛""外交知识比赛""国情知识"比赛；组织学生会干事到内地参观访问，了解国情；协助组织学生参加义卖活动，探访孤寡老人及弱势群体；拜访政府机构和深入社区，了解澳门特区经济发展、社会热点问题；组织学生领袖培训班、禁毒守法宣传活动等。

（3）精心安排公民教育课程。

2010年，本校开始使用教青局主编的《品德和公民》，2012年起，在初中增加了家庭与社会实践时数，让初中生在家务劳动、学校公益劳动及参加社区公益服务中得到锻炼，把公民教育课堂考核和课外考核相结合，培养学生的公民意识。高中公民课程加强澳门基本法学习及中国文化常识达标学习。让高中生全面掌握澳门基本法，对中国传统历史文化、人文地理、民俗民风有一定了解。通过考核，让他们感受到中国悠久的历史和博大精深的中华文化，让学生树立正确的人生观和价值观。

（4）开展"时事宣讲活动"。

为了增强学生对国际、国内形势的了解，学校每个月都开展"时事宣讲活动"，让学生了解国内外大事。不做"井底蛙"。眼界更开阔，两会的盛况、马航事件的发展、乌克兰变迁的真相以及澳门特首选举的程序等，学生们都能及时地掌握。学生对时事形势的兴趣及了解比以前大有进步，相信长期坚持下去，对学生的视野扩宽，思想素质的提高将大有好处。

（5）传播正能量、树立良好校风。

学校经常利用星期五早读或班总结课，向全校广播表扬校园出现的好人好事、学科竞赛的优异成绩、班级出现的良好氛围，弘扬正气，同时也对存在的一些问题进行批评、指正，从而达到传播正能量、树立良好校风、减少负面影响的目的，校内拾金不昧的现象蔚然成风，公交车上让座、扶助老人、礼貌文明交友的行为越来越多。这些都树立了学校的文明形象，提高了学生的思想素质，展示了濠江学生的风采。

二、学校历史、文化教育方面的做法

（1）初中历史教材改革。

我校一直使用的是国内人教版历史、地理教材。从2010年起，针对以往历史只讲到新中国诞生，中学生对建国后六十年历史几乎不了解的现状，把以往三年历史课内容压缩到两年教完，初三开始讲解新中国诞生及建国五十年的光辉历史，党的十五大确立邓小平理论的历史进程。让学生充分认识社会主义救中国、建设中国的必要性、重要性，让学生认识中国共产党的伟大，让学生比较系统地掌握中国古代史、近代史、现代史及当代史，效果很好。其中，对中国百年屈辱史有了更客观、全面的了解。通过专题研讨，"勿忘国耻，振兴中华"的理念牢牢扎根于青少年心中。

（2）高二级文科班的中国历史，弘扬爱国情怀。

高二文科班中的中国历史教育，更围绕"国情""澳情"开展教学活动，如"二战""澳门世遗足迹""重演历史""见证抗战"的专题制作，既提高了学生学习中国历史的兴趣，又加深了对中国历史的理解，在历史科组教学中形成品牌效应。

（3）地理教材使用，激发爱国之情。

初中从2012年起，使用编排更清晰、内容更丰富的"湘教版"，让学生更充分认识祖国的自然资源和壮美河山，激发爱国之情。

三、教师国情教育培训的做法

（1）教师必须参加升旗礼、周会等活动，以加深对国家的认识，对社会的了解。

（2）每年组织教师参加"爱国之旅"，或参加国内学习培训。在此感谢中联办及教育当局对教师的关怀。

中联办十分关心教师的成长，经常组织教师到内地参观革命圣地，参访学校。尤其自2014学年起，中学部引入自主学习理念，先后派出五批近60位行政人员及教师，远赴山东杜朗口中学参观学习，探求教改理念，研习教改技能，尤其是探究"学与教"的方式方法，从而增强了教师的爱国情怀及国家认同感，提高了教师的整体思想素质和专业水平。

四、学生赴内地国情教育

为了增加学生对国家的认识，让学生通过实地考察和亲身体验，加深对国家发展现状的了解及培养学生关心国家的情怀，开展认识祖国、爱我中华学习交流活动。

（1）"认识祖国、爱我中华"学习之旅。每年都组织学生参加"爱国之旅""文化之旅"，使学生不仅明白澳门的繁荣离不开祖国的关怀，更学会了感恩政府，感恩学校给予他们机会去拓阔视野，并体会到祖国的强大及民生不断地得以改善，社会欣欣向荣，从而大大地增加了民族自豪感。

（2）"走进农家、凝聚爱心"。经常前往广东清远进行义教活动。学生在考察中的所见所闻，在课内外结合教学内容，与师生分享收获和体会，这几年的实践证明效果良好。

（3）积极地引导高中毕业生赴内地读书。学校始终坚持培养具国际视野的、爱国爱澳的创新型人才，每年都组织高三级组适时进行内地高校优势和特色分析，对有意参加保送的高三级学生开展"联校及两校保送情况分析"宣传推介活动，并形成了以被推荐赴内地重点大学读书为荣的整体氛围——今日以濠江为荣、以保送内地重点大学为荣！学校坚持公开、公平、公正地推荐保送生，全面客观地引导高中毕业生赴内地读书。根据近7年来的统计，濠江中学推荐赴内地联校读书的人数占澳门的五分之一，推荐赴两校读书的占本校毕业生近三分之一。

具体措施如下：

其一，稳定高三班主任队伍，使校友工作能持续开展。充分发挥班主任的引导、联系、反馈和纽带的作用，形成良性循环。高三级班主任陪伴学生成长，做到为每一位同学规划未来学校和专业，精细化引导学生返回内地读书。定期安排内地在读高校校友返校入班级分享大学生活，引发向往赴内地读书的激情。

其二，编写《高三升学辅导指引》，主要内容包括：学校的办学理念及优异生推荐原则、澳门学生赴内地读书的法定条件和学校推荐的内定条件、内地高校优势简介及指导优异生赴内地读书的技巧等，指导全体高三任课教师，做到人人引导优异生赴内地读书，全校一盘棋，形成合力。

其三，先入为主，每年都优先安排暨南大学和华侨大学（两校）及中山大学等内地多所高校招生办领导入我校进行升学讲座，以最大的视角、第一时间吸引我校高中毕业生。

其四，坚持保送生质量标准，学校一贯坚持公开、公平、公正的保送原则，每届高二的内地联校保送生调剂会都是一场推介赴内地读书的动员会，校长室全部出席，帮学生把脉。

其五，逐步提升我校学生素质，狠抓教学质量。自2009年学校的第一个五年计划以来，中文、英语、数学、地理等学科逐步采用背靠背交叉命题、流水改卷，赴内地读书的优异生素质大大提升，同时提升了赴内地读书的荣誉感。对保送成功的学生，毕业考试结束以后开设英语、高等数学等提高班，不但把保送生扶上马还要送一程，做好赴内地高校读书的衔接工作，减轻其学业上的心理负担，效果良好。

其六，中联办的指导、支持与协调，有力地提高了我校高中毕业生赴内地读书的成功率。保送高考靠实力，2012学年、2013学年连续两年高三毕业生50%或以上保送升读名牌大学，余下同学凭实力考上自己理想的大学，实现了毕业生100%升读大学的美好目标。

传承与弘扬爱国教育
（澳门濠江中学　陈步倩）

1949年10月1日中华人民共和国成立，杜岚老校长不畏困难，在濠江中学升起了第一面五星红旗，从此，濠江中学随着祖国的强大而不断发展。在这面五星红旗的照耀下，濠江中学的爱国主义教育事业也蓬勃发展。

一、爱国氛围，萦绕于心

我于1993年从广州移居澳门，机缘巧合，有幸来到了澳门濠江中学工作。当我踏进这所校园，无处不在的爱国氛围给我留下了深刻的印象：从校园布置到课程内容，从周会的主题到课外活动的展示，从教材的选用到教师的规范用语……学校始终贯彻着爱国教育的方针。1993年，中学部试行分科、分流的教育改革，大部分的高中毕业生有机会通过保送或参加高考回内地大学深造，学校也希望有更多的毕业生能在内地接受高等教育，让他们更直接、更具体地了解自己的祖国，全面地接受爱国主义教育。

1999年，澳门回归祖国，濠江中学全体师生和广大澳门市民一样，怀着激动的心情期待着政权交接的时刻。为了迎回归，学校准备了一系列庆祝回归的活动；派出1500多名师生参加澳门回归大型节目——《濠江欢歌》的排演，组织1200多名师生排练《情系中华》大型团体操，500多名师生浩浩荡荡北上与首都师生共同参与迎回归的系列活动，师生歌舞队上京参加专场歌舞《濠镜春回》的演出。此外，学校还组建升旗队、教师合唱团等准备回归演出，我负责升旗队的培训工作和《情系中华》团体操的排练工作。我们利用了体育课、周末等课余时间进行长达一年的排练，虽然辛苦，但作为中国人，澳门回归祖国的自豪与光荣始终萦绕心间。

回归当日，学校派出2700师生和各界市民一起在大马路边迎接解放军进城，师生们头一次见到如此威武的中国人民解放军指战员，激动的心情难以言表。庆祝澳门回归祖国的一系列活动，为师生们上了一堂精彩而深刻的爱国主义教育课。

二、爱国教育，任重道远

澳门回归祖国，每一个中国人都感到无比的兴奋和自豪。也是在这个时候，我得到学校的信任和栽培，担任学校副训导主任一职，负责中学部的训导工作，我感到爱国主义教育任重道远，责任重大。

澳门是个中西文化交汇的地方，葡萄牙占据澳门四百多年，西方文化在澳门有相当长时间的沉积和影响，学生从小在这样的环境中长大，很自然地较大程度上受西方文化的影响。如何使学生既能站在时代的前沿看世界的发展，又能回顾历史了解和认识自己的祖国，从而增强国民认同感和建设好自己国家的责任感，这是训导工作中十分重要的目标和任务。同时，训导工作既要培养学生良好的品格，也要营造良好校风、学风、教风。在校长室的领导和指引下，我和老师们一起探索，开展了一系列常态化的爱国主义教育和道德质量教育的活动。

三、继往开来，传承创新

杜岚老校长、尤端阳校长的爱国主义教育思想对我影响很大，他们对祖国的热爱、对教育的热忱、对学生的爱心，将毕生的精力投入到教育中的奉献精神，改变和影响了每一位学生和教职员工。他们用"有教无类"的教育理念造福于平民百姓，用他们"爱国爱澳"的远大理想培养一批又一批的社会栋梁和爱国人才。

我深深地感受到，要使学生了解和热爱自己的祖国，除了理论上的教育（如周会、班总结课、公民课、历史课等）以外，在生活中体验、感受也是一个十分重要的环节，这也是德育工作"知行合一"的原则，"在做中学"，"在学中感悟"，从而通过内化而付之行动。

澳门回归祖国以后，训导处安排对初一级学生进行国旗、国徽、国歌的教育，让学生懂得国旗、国徽、国歌是代表着我们国家的主权和尊严，体现民族的精神，人民的意志；每逢周一进行全校性的升旗仪式，提高学生对国家的认同感；每年结合国庆节、澳门回归日、"九一八纪念日""三八妇女节""五一劳动节""五四青年节"等重大的纪念日开展全校性的周会讲座、板报展示或革命歌曲歌唱比赛等，让学生牢记历史，不忘初心，激发斗志。近年来，我们结合重大的纪念日排演了大型的文艺节目，向全校师生、家长、校友等作专场演出。例如，2015年抗日战争胜利100周年，2017年濠江中学建校85周年，2019年澳门回归20周年，我们分别排演了《黄河颂》《濠江颂》和《回归颂》等大型歌舞节目，让师生、校友通过观看节目得到教育，受到启发。

澳门教育当局也非常重视对学生的爱国主义教育，大力支持学校组织学生"认识祖国爱我中华"的研学活动以及在澳门本地的爱国教育活动。初一级参与的澳门"飞鹰基地军事训练"，初二级参与的"中山国防教育"，初三级参与的"慈青营户外教育培训"，高三级参与的"北京爱国教育毕业之旅"。学校还组织了"红色之旅"活动，让师生们深受教育，贵州的"渣滓洞""遵义会议旧址"、重庆的"白公馆""井冈山革命根据地""延安革命摇篮""百色革命老区""南京大屠杀遇难者纪念馆"等地，都留下了师生们的足迹，革命先烈们的英雄事迹烙印在师生们的心中、启迪了师生们的心灵，从而切身体会到新中国来之不易，是无数革命先烈抛头颅、洒热血，用生命换来的。

今天的祖国，就像一条腾飞的巨龙，正向世界展现傲人的雄姿。英雄的中国人民在中国共产党的领导下，以不懈的努力，从航天工程到海上工程，从中国"新四大发明"到量子通讯，从互联网技术到共享，中国无不彰显着辉煌，创造了世界上快速发展的奇迹。中国特色社会主义新时代，高新科技迅猛发展，军事力量日益雄厚，综合国力快速增强，师生们从参观"北上广深"现代国际都市，到目睹中国西部开发，实现全民脱贫等，深深体会到中国特色社会主义制度的优越，为我们这个文明古国能屹立在世界民族之林而感到自豪和骄傲。

这些研学活动，让师生从不同的视角了解和认识祖国的过去和现在，在潜移默化中提高了对国家的认同感，增强了中华民族的凝聚力。

2000年12月20日，澳门回归一周年，时任国家主席江泽民视察濠江中学并亲笔题词"濠江中学，桃李芬芳"，给予濠江人极大的鼓舞。

2019年12月19日，澳门回归祖国20周年纪念日前夕，习近平主席视察濠江中学附属英才学校。习主席观看了濠江中学科技创新作品，随后观摩了一堂《一国两制与澳门》的历史课，课后习主席发表了重要讲话，充分肯定澳门的爱国主义教育，鼓励青少年学生一定要学好历史，树立正确的历史观，这样才能珍惜今天的幸福生活。

为了鼓励学子们继续学好中国历史，传播好中国文化，习主席此行赠送我校四库全书一套共1500册，点校本二十四史一套共242册，中国历史碑刻书法全集一套共108册；还送给我校一批乐器。这是对濠江人莫大的鼓励和鞭策，习主席视察学校短短的一个多小时，却是我们濠江人永远无法忘怀的一段记忆。濠江人谨记习主席的教导，建造了"文熙阁"以作纪念并为师生阅读古籍、学习历史提供了一个专门的场所。一年后，我们组织了专场文艺演出，用习主席送的乐器演奏了《茉莉花》等中国传统名曲。另外由学校兰亭书法协会大力推动的"学好中国书法，传承中华文化"活动，组织四十多位师生参考中国历史碑刻书法的选段内容，用毛笔书法的形式制作精美的书法集赠送给习主席，以汇报我们学习中华文化的点滴成效。通过这些活动激发师生加强历史学习，传承中华文化。

"濠江上升起游子的梦想，凌乱中的骨气、志气，归来后的元气、锐气，你们为他养成了浩然之气。阳光下最有意义的工作，五星红旗下不灭的星火。飘扬吧，这面旗留下澳门最美的记忆。"这是中央电视台在颁授2019感动中国人物时给杜岚、尤端阳校长的颁奖词，这既是对他们坚持爱国教育工作的肯定，也是对濠江人的鞭策和鼓励。"爱国爱澳浩然正气，一国两制行稳致远"，每位濠江人都有义务和责任把爱国主义教育发扬光大，让五星红旗永远高高飘扬，让濠江学子都成为治澳建澳的社会栋梁！

第二篇

珠海市九洲中学
家国情怀教育课例

研读红色经典　渗透语文德育
（授课教师：李心乐）

单元主题背景：

《义务教育语文课程标准（2022年版）》中指出："语文教学要重视对学生思想情感的熏陶感染作用，重视价值取向，突出社会主义先进文化、革命文化、中华优秀传统文化。"初中语文教学不仅要传授知识、发展学生智力，还要将思想教育、品德教育融入教学。

初中生正处于人生发展的重要阶段，语文教材中的红色经典作品对其德育培养起着重要引导作用。基于此，初中语文教师要响应课程标准的号召，以语文教材中的红色经典为范本，讲好红色故事，让学生在学习和研读红色经典中感悟革命精神，汲取精神力量，坚定理想信念，传承红色基因。

家国情怀教育目标：

研读课本中的红色经典，在教学中融入理想信念教育，加深初中生对革命历史的认识，加强爱国主义思想和优秀革命文化教育，让学生体会革命精神，树立远大理想，承担历史责任。

研读红色经典　渗透语文德育
——以《红星照耀中国》名著导读为例

【教学目标】

（1）学习《红星照耀中国》的主要内容，了解中国共产党发展及红色革命的背景。了解主要人物，感知红色英雄人物的形象及其精神风貌。

（2）掌握名著阅读方法。灵活运用跳读、速读等阅读技巧，快速总结关键信息，在课堂上展示，提升学生总结、表达与交流能力。

（3）激发学生的爱国热情，培养学生的批判性思维和独立思考能力，成为有理想、有信念、有责任感的青年。

【重点难点】

重点：了解作品内容和主要人物形象，掌握纪实作品的基本特点。

难点：引导学生深入理解作品中的历史意义和精神价值，激发他们的阅读兴趣和爱国热情。

【教学准备】

《红星照耀中国》书籍、PPT课件（包含图片、视频等）

【教学方法】

自主学习法、读书指导法、小组讨论法

【教学过程】

环节1　情景引入

教师：导入新课（5分钟）

教师播放《红星照耀中国》电视剧片段

教师：同学们，当历史的尘埃落定，总有一些瞬间，能够穿越时空的阻隔，照亮我们的心灵。今天，我们将跟随影片中的年轻记者埃德加·斯诺，带着对未知世界的好奇和对正义的渴望，踏上一场特殊的旅程，回到那个风雨飘摇、战火纷飞的年代，去"红色中国"的土地上，感受用信念和热血铸就的辉煌。

教师：那么，同学们，让我们一起翻开这本《红星照耀中国》，跟随斯诺的脚步，看看这位外国记者眼中的"红色中国"究竟是什么样子的，去探寻那些被历史铭记的瞬间！

设计意图：通过视频片段的展示，创造一个具体、生动的场景，营造浓厚的历史氛围，吸引学生注意，激发学生的学习兴趣和情感共鸣，为后续整本书的导读奠定情感基调和良好的学习基础。

环节2　初步阅读

教师先简要介绍当时的中国国情、中国共产党和红军的历史，并介绍作者埃德加·斯诺的职业经历和其作为西方记者首次深入中国红色腹地的意义。

教师：《红星照耀中国》写于战火纷飞的20世纪30年代的中国。那时，国共内战正酣，日本侵略者步步紧逼，中华民族面临着前所未有的生存危机。而在这种情况下，中国共产党和红军以惊人的毅力和智慧，在中国的西北建立了红色革命根据地。这时，美国记者埃德加·斯诺，为了探寻中国共产党的真实情况，踏上了前往中国西北的征途，并在西北亲眼见证了红军的革命精神。

教师将学生分为几个小组，每组负责概括一个章节的内容，提炼章节中的主要事件或人物，每组派出代表，依次向全班汇报阅读成果。整理完全书结构后，根据行书脉络将全书分为几个部分。

教师：请各小组的同学们进行相应章节内容的概括和提炼，并根据章节内容补充以下"全书内容概括表"。

全书内容概括表

作者	【美】埃德加·斯诺
采访时间	1936年6月至1936年10月
采访路线	
采访对象	
采访内容	
采访感想	

例：

作者	【美】埃德加·斯诺
采访时间	1936年6月至1936年10月
采访路线	北平-西安-保安-预旺-保安-延安
主要采访对象	毛泽东、周恩来、朱德、彭德怀、贺龙、徐海东、徐特立……
采访内容	中国革命的原因及目的
采访感想	不可征服的力量

设计意图：帮助学生了解作品的历史背景，为后续阅读和理解打下基础。通过分析书中主要事件，完成表格，培养学生的信息概括能力和表达能力，让学生对全书有基本印象，更直观地展示学生提炼的信息，让学生对革命精神有初步的体会。

环节3　深入研读

学生课前预习了解书中具有代表性的人物的经历（毛泽东、周恩来、彭德怀、林伯渠、邓发、徐海东、朱德等），上课时，教师引导学生深入阅读相应章节，分析人物的神态、语言、动作、心理活动等，感受英雄人物的品质和精神，并填写"人物形象概括表格"。

教师：现在，我们选取了几位具有代表性的人物进行深入分析，比如毛泽东、周恩来、彭德怀等。请大家仔细阅读相关章节，思考这些人物的性格特点、行为动机以及他们背后的精神内涵。请大家以小组为单位，选择你喜欢的人物，完成以下"人物形象概括表"。

人物形象概括表

人物	
主要经历	
令你印象深刻的故事或细节	
作者评价	

例：

人物	周恩来
主要经历	出身官僚家庭—就读南开中学和南开大学—领导学生运动—在各国学习，帮助创建共产党—黄埔军校任职—组织"八一"起义—担任朱德的政委—长征
令你印象深刻的故事或细节	周恩来亲自为斯诺拟定92天考察苏区的日程表
作者评价	纯粹的知识分子、书生出身的造反者

接下来，教师布置角色扮演任务，为学生提供相应人物的台词模板，学生需要仔细揣摩英雄人物的外貌、语言、动作、神态、心理等，深入挖掘这些人物的内心世界和革命精神，同学们也可以从课前了解的资料中加入对人物自己的见解，使人物形象深入人心，通过自主学习感受他们的伟大。

教师：请各个小组，找一找这些人物说的话，想一想他们说话时会是怎样的神态和动作，老师这里有几句他们的台词，5分钟后请同学们根据自己推理的人物形象读一读，演一演。

例：毛泽东——面容瘦削、看上去很像林肯，个子高出一般的中国人，非常精明的知识分子的面孔。"吃点辣子，对于采访中国革命是有帮助的。"斯诺满心好奇，结果被辣得眼泪直流，喷嚏不止，毛泽东又开起了玩笑："爱吃辣椒的人都是革命者。"

（人物形象：语言睿智、幽默、可以在表演中融入湖南方言）

设计意图：通过深入分析人物，加深学生对经典人物形象的理解，体会革命领袖的崇高精神。提高学生的逻辑思维能力、自信心和表现力。

环节4 主题探讨：长征

教师组织学生读《红星照耀中国》第五篇：长征，使用速读、跳读的方法在文中找出以下问题的答案：

（1）长征的起因　　　　　（2）长征的路线

（3）长征中面临的困难　　（4）长征中具有重大意义的事件

（5）长征的历史价值

教师：请同学们快速阅读《红星照耀中国》的第五篇：长征，在文中画出重点信息，完成5个问题。

答：（1）长征的起因：1934年10月第五次反围剿失败，被迫战略大转移

（2）长征的路线：约两万五千里，跨越11个省、18座大山、21条大河

（3）长征中面临的困难：① 军事上，应付敌人的围追堵截；② 自然条件和生活条件恶劣；③少数民族地区民情复杂

（4）长征中有重大意义的事件：强渡大渡河、飞夺泸定桥、过雪山大草地

（5）长征的历史价值：使中国革命转危为安、铸就长征精神

设计意图：引导学生深入阅读、思考和探讨长征这一历史事件，帮助学生深化历史理解、培养阅读技能、激发思考兴趣、传承红色精神以及促进跨学科学习。

环节5　革命精神的现实意义

以教师提问、小组讨论的形式进行，学生围绕"革命精神如何影响当代社会？""我们如何传承和发扬这些精神？"等议题展开小组讨论，教师引导学生将革命精神与其现实意义联系起来。

教师：同学们，通过大家的分享，我们可以从书中介绍的事件和人物故事看到中国共产党和党的革命领袖不仅有非凡的智慧和勇气，更有着坚定的信念和崇高的理想。他们的精神将永远照耀着我们前行的道路，这也是《红星照耀中国》的含义。接下来，我们将进行主题探讨。请大家思考两个问题："革命精神在当代社会有哪些现实意义？"和"我们如何传承和发扬这些精神？"请结合我们的生活实际和书中内容谈谈你的看法。

设计意图：通过对书中内容的深入理解，培养学生的思维能力和社会责任感，引导学生结合历史事实，探讨书中体现的革命精神，如艰苦奋斗、团结互助等，并思考这些精神的现实意义，激发学生的爱国情怀。

环节6　拓展与延伸

《红星照耀中国》是一部纪实文学，它所涉及的历史事件和人物都是真实的，而与之相关的博物馆、烈士故居都可以作为学生课外感受革命情怀、

培养爱国主义精神的基地。笔者所在的学校位于珠海市，教师在课堂中向学生介绍珠海的红色基地——中国共产党早期领导人苏兆征故居、无产阶级革命家杨匏安事迹陈列馆、珠海烈士陵园等。布置作业让学生利用课余时间实地参观红色基地，学习革命先辈崇高的革命精神，激发学生的爱国精神和责任感，并结合《红星照耀中国》书中内容，撰写参观感想。

教师：在《红星照耀中国》这部作品中，我们读到了红军的英勇和共产党人的智慧与坚韧，他们的精神也跨越时空，与我们身边的某些地方紧密相连。在珠海，同样有着丰富的红色资源。例如，中国共产党早期领导人苏兆征的故居、无产阶级革命家杨匏安事迹陈列馆以及珠海烈士陵园等。在这里，老师也要给大家布置一个特别的作业。希望大家能利用课余时间，亲自去这些红色基地走一走、看一看。去感受那里的氛围，去聆听那些无声的讲述，去体会那份沉甸甸的历史责任感。当你站在那些故居前、陈列馆中、陵园里时，不妨想 想，《红星照耀中国》中的哪些人物 哪些故事与眼前的景象产生了共鸣？它们是如何触动了你的心灵？你又从中学到了什么？当然，也请记得，回来后，用你的笔记录下你的所见所感，结合《红星照耀中国》中的内容，撰写一篇参观感想。

设计意图：通过实地参观学习，拓宽学生视野，提高学生的爱国热情，加深学生对中国革命历史的理解。结合名著内容和个人体会向革命先辈致敬，进行写作实践，提升学生的写作能力和表达能力。

环节7　总结回顾

学生分享名著导读课的收获与感悟，教师总结要点并鼓励学生将书中展现的革命理想信念和大无畏精神融入日常的生活和学习中，激励同学们为实现民族复兴的目标贡献自己的力量。

教师：下面，我们请两位同学分享本次名著导读课的收获与感悟，你们可以从内容、人物和精神感悟等方面进行分享。

教师：相信其他的同学们也会像刚刚的两位同学一样，收获颇丰，这节课，我们先后整理了整本书的行文脉络、分析了几位重点人物、也感悟了这本书带给我们的现实意义，也希望同学们可以学习革命先辈精神，勇于奋斗、敢于拼搏，实现自己的梦想，为国家和民族的复兴贡献力量。

　　设计意图：通过学生的分享和教师的总结，巩固学习成果，复习课堂所学，通过对未来的展望，培养学生的爱国情怀，为未来的学习和生活注入正能量。

【**教学反思**】

　　从知识和能力来说，《红星照耀中国》的教学提升了学生的知识储备与综合能力。学生在阅读名著的过程中不仅掌握了中国共产党的发展历程，还学会了运用跳读、速读等阅读技巧快速提取关键信息，提高了阅读效率。在课堂上，几次小组讨论和自主探究展示了他们良好的总结、表达与交流能力。特别是在总结每章内容和人物形象时，能够培养学生的逻辑思维能力。在课堂中也涉及了地理（如长征路线、根据地位置）、历史（如长征的起因和历史价值）等多个领域的知识，学生可以感受到不同学科之间的紧密联系和相互渗透，促进跨学科学习的意识和能力。实地参观红色基地的作业，也能让学生将课堂知识与实践相结合，进一步加深对历史事件和人物的理解，拓宽了视野，提升了综合素质。

　　从学科德育来说，《红星照耀中国》不仅是一部文学作品，更是一部充满德育价值的红色经典。教学中，通过引导学生深入研读文本，感悟革命精神，可以达到良好的德育效果。首先，学生们在了解英雄人物事迹的过程中，被他们的崇高品质和坚定信念深深打动，从而树立远大理想和崇高目标；其次，通过研读长征的意义和讨论革命精神的现实意义，学生们深刻认识到作为新时代的青年应承担的历史责任，激发了强烈的爱国情怀和社会责任感；此外，实地参观红色基地的活动，更是让学生们身临其境地感受到了革命先辈们为了国家和民族所付出的巨大牺牲，进一步坚定了他们为实现中华民族伟大复兴的中国梦贡献力量的决心。将思想教育、品德教育融入语文教学之中，也有助于实现语文教学与德育的有机结合。帮助学生树立成长目标，成为有理想、有信念、有作为的少年。

渗透英语学科德育　增强学生文化自信
（授课教师：孔嘉玲）

单元主题背景：

英语作为一门语言学科，兼具工具性和人文性。然而，长期以来初中英语教学更加注重语言知识的讲解，而忽略了人文素养的培养。《义务教育英语课程标准（2022年版）》提出新时代下要培养学生的英语核心素养，包括语言能力、文化意识、思维品质和学习能力。其中文化意识作为英语学科核心素养的价值取向，不仅包含对中外文化的比较分析与鉴赏学习，同时也特别强调要培养学生对中华民族优秀文化的理解和认可。在英语教学中融入中华优秀传统文化，增强学生文化自信，树立学生理想信念，也与立德树人的目标相一致。因此，"涵养家国情怀，坚定文化自信"是英语课程发展的主旋律。本节课例将优秀传统文化融入初中英语课堂，一方面可以丰富课堂内容，调动学生学习兴趣，提升学生人文素养；另一方面，通过多种阅读任务，学生可以提升思维品质、语言能力和学习能力。

家国情怀教育目标：

本节课例选取了人教版九年级Unit 6 Section A阅读课内容，语篇围绕中国的"茶文化"而展开，蕴含丰富的文化元素。这种将优秀文化融入课堂的教学，一方面，有助于学生领会中外文化的异同，理解中国优秀传统文化内涵，增强民族自豪感，树立文化自信。另一方面，学生在对优秀文化的认同中树立传承和传播中华民族优秀文化的理想信念，积极主动地用英语向世界讲好中国故事，做中国声音的播报员。

渗透英语学科德育增强学生文化自信
——人教版九年级Unit6 SA Reading（3a–3c）为例

【教学目标】

（1）语言能力：通过学习语篇，学生能够了解并复述茶的起源、发展和传播等故事，掌握与茶文化相关的词汇和短语：accidental，by accident，ruler，boil，remain，saint，national，popularity，take place，without doubt，并进一步感知理解语篇中的一般过去时的被动语态。

（2）学习能力：通过本节课的学习，学生能够通过读前预测、快读、精读等英语阅读策略，梳理文章脉络获取关键信息，进一步促进阅读理解能力的提升。另外，能够熟练运用一般过去时的被动语态，借鉴本文结构，书面介绍一项中国伟大发明。

（3）思维品质：学生通过自主学习、合作探究等课堂活动，提取文章中茶文化的关键信息，完成本文的思维导图，提高思维的逻辑性。通过读后思考活动，学生推断语篇深层含义，提升学生的推理分析能力。

（4）文化意识：通过语篇阅读，学生对茶文化的起源和发展有进一步的了解，体会中华文化的博大精深与源远流长，增强文化自信。同时通过了解茶圣陆羽的故事，培养学生传承优秀文化的意识，树立传播中华传统文化的理想信念。

【重点难点】

重点：掌握与茶文化相关的词汇和短语，并且能够运用读前预测、快读、精读等阅读策略，抓取文章关键信息，读懂文章内容，利用思维导图复述茶文化的故事。

难点：熟练掌握并运用一般过去时的被动语态，参照本文结构，介绍一项中国的伟大发明。

【教学准备】

PPT课件、视频。

【教学方法】

讲授法、小组讨论法。

【教学过程】

环节1 Lead-in（视频导入）

正式上课前先播放一段周杰伦的《爷爷泡的茶》歌曲MV作为导入，并让学生在观看的过程中思考2个问题。

教师：Before our class, let's watch a video. And after watching, please tell me：what's the video mainly about? And what do you know about it?（上课之前，我们先来看一段视频。看完之后，请同学们告诉我：这段视频主要讲了什么？你对它了解多少？）

设计意图：《爷爷泡的茶》这首歌节奏轻快，情感丰富，能够极大调动学生对本节课的学习兴趣。同时这首歌紧扣本文的主题——茶，歌词生动富有内涵，学生能够提前捕捉获取与茶相关的信息——陆羽、《茶经》。而"关于茶你了解多少"的进一步提问，能够有效激活学生在Unit 5 Section A 2d学过的关于茶的知识，同时也能够了解学生对于茶文化的认识程度。

环节2 Pre-reading：prediction（读前：预测文章内容）

教师：Well, from your answers, I can see you really know much about the tea. And after today's lesson, I believe you will know more about it. Now, please turn to page 43, look at the title and the picture, and answer the following questions：（好的，从同学们的回答中，我可以看出大家对"茶"还是比较了解的。经过今天这节课的学习，我相信你们对"茶"的了解会更多。现在，请同学翻到第43页，看看标题和图片，并回答下面的问题：）

（1）What does the title mean?（标题是什么含义？）

（2）What's the passage mainly about?（这篇文章主要讲什么？）

学生通过文章标题和图片信息能够猜测文章包含的内容信息：how, when, who。

设计意图：读前预测是阅读教学的一个重要环节。在这一环节，教师首先引导学生关注文章标题信息，扫除accidental这一生词障碍，降低理解的难度，同时激发学生对文章的好奇心。其次，教师引导学生结合标题和图片信息，预测文章内容，例如"How was the tea invented by accident（茶是如何意外发明的）""Who invented the tea（谁发明了茶）""When was the tea invented（茶是何时发明的）"，从而让学生带着这些疑问去阅读语篇，有效提升阅读效果。

环节3　While-reading：fast reading（读中：快读获取文章大意）

教师：You have great predictions. To check your predictions，please read the passage quickly and match each paragraph with its main idea.（同学们对文章的猜测都非常棒，接下来请快速阅读文章，检查你的猜测是否正确，并将每个段落与其大意对应连线。）

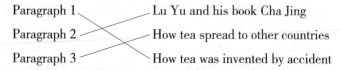

教师总结技巧：You did a very good job！So how can you find out the main idea easily? Exactly，we need to search for the key words or key phrases. For example，"was invented by accident" in paragraph 1，"Shen Nong" and "Cha Jing" in paragraph 2，and "was brought to Korea and Japan" "tea trade" and "spread" in paragraph 3.（同学们做得非常好！那么，如何才能轻松找出主旨呢？没错，我们需要寻找关键词或关键短语。例如，第 1 段中的 "was invented by accident"，第 2 段中的 "Shen Nong" 和 "Cha Jing" 以及第3段的 "was brought to Korea and Japan" "tea trade" 和 "spread"。）

设计意图： 快读是英语阅读教学的重要一环，它要求学生短时间内完成语篇阅读，并快速捕捉文章大意。由于文章篇幅较长，涉及的生词较多，这一环节没有直接让学生自己总结段落大意，而是利用课本的3a习题，让学生通过快速阅读完成段落和主旨的匹配，这可以有效降低阅读难度，同时让学生短时间内把握段落大意。核对答案后，教师对于"如何快速找出段落主旨"这一技巧的点拨，能够帮助学生强化提取关键词或关键短语的能力，从而提高学生处理文本信息的能力。

环节4　While-reading：careful reading（读中：精读读懂文章内涵）

任务一：学生仔细阅读第1段后，回答以下问题，完成短文填空。

教师：From 3a, we know we can find out how tea was invented by accident in paragraph 1. Now, please read paragraph 1 carefully, and try to answer the following questions:（从 3a 中，我们可以从第 1 段中找到茶是如何被意外发明的。现在，请同学们仔细阅读第 1 段，回答以下问题：）

（1）When was tea first drunk?（茶最早是什么时候开始喝的？）

（2）Who was the first one to discover tea?（谁是第一个发现茶的？）

（3）How was tea invented?（茶是如何发明的？）

学生根据课本回答问题后，教师对学生的回答进一步提问。

教师：Well done! I think you are clear about how tea was invented. Now, please close your book and fill in the blanks.（很棒！我想同学们现在应该都非常清楚茶是如何发明的。现在请大家合上课本，完成以下短文填空。）

　　Shen Nong was drinking water when some leaves from a tea plant ___ ___ the water and _____ there for some time. It _____ a nice smell so he _____ the brown water. Therefore, one of the world's favorite drinks _____ _____ by Shen Nong.

教师：As we can see, Shen Nong is a great person. Do you know Shen Nong? Let's learn more about him.（正如我们所看到的，神农是一个伟大的人物。你知道神农吗？让我们一起来了解一下他。）

设计意图： 精读是引导学生深入理解文章内涵的重要一环。本环节中，学生通过精读第一段，回答相关问题，能够真正了解茶文化的起源（其中包括时间、人物以及被发明的方式），从而也呼应了文章标题。教师对于"茶文化如何无意发明"这一问题的追问，既能够让学生学会抓住关键动词捋清茶文化发明过程，同时也能让学生在这一过程中感知体会一般过去时的被动语态的用法，从而为后续的课文复述做好铺垫。最后，对于神农氏的介绍能够让学生关注历史上伟大人物，加深对中国传统文化的了解。

任务二：学生仔细阅读第2段，回答相关问题。

教师：Sheng Nong is a great person for the invention of tea. And there's another great person in paragraph 2: Lu Yu. So who is Lu Yu? What did Lu Yu write? What is the book about? Please read paragraph 2 carefully and fill in the chart.（神农是发明茶的伟大人物，在第2段也提到了一个人物——陆羽。陆羽是谁？陆羽写了什么书？以及这本书讲述了什么？请同学们仔细阅读第2段，并完成表格。）

学生核对答案后，教师展示《茶经》一书的部分内容，让学生更加了解《茶经》这本书。

The writer		_____	
His position		the ____ of tea	
The name of the book		_____	
The book	describes	how tea plants _____ _____.	
		how tea plants were used to _____ _____.	
	discusses	where the finest tea leaves _____ _____.	
		what kinds of water _____ _____.	

设计意图：学生阅读本段之前，教师根据第2段的主旨提出了环环相扣的问题，引发学生的思考。学生带着这些问题仔细阅读本段，并转化成表格上的关键信息。此过程能够有效锻炼学生提取文本信息的能力，同时加强对茶圣陆羽和《茶经》的了解。而最后《茶经》一书的内容展示，能够让学生直观感受中华茶文化的博大精深。

任务三：学生仔细阅读第3段，完成下面的时间线。

教师：As we know, many people all over the world drink Chinese tea. Do you know when tea was brought to other countries? Let's read paragraph 3 carefully and fill in the blanks.（众所周知，世界上很多人都在喝中国的茶，那同学们知道茶是如何传播到其他国家的吗？让我们一起来仔细阅读第3段并完成以下的

时间线。）

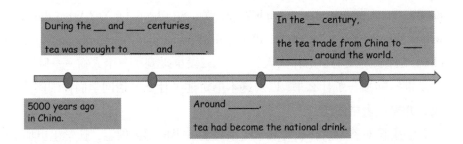

During the __ and ____ centuries, tea was brought to _____ and _____.

In the __ century, the tea trade from China to ____ _____ around the world.

5000 years ago in China.

Around _____, tea had become the national drink.

教师对于茶文化的传播进一步追问：What made tea so popular?（是什么让茶如此受欢迎？）How did the tea trade happen?（茶叶贸易是如何发生的？）

设计意图：学生仔细阅读本段后，通过完成时间线任务，理清茶是什么时候传入什么国家，了解茶文化的传播历史，感知茶的文化与经济魅力。而对于茶文化的流行与贸易进一步追问，可以有效激发学生的历史知识——丝绸之路，加强学生对中国历史文化的了解，增强学生的文化自信，同时也能实现将历史知识融入英语课堂的跨学科融合。

环节5　Post-reading：deep thinking（读后：深入思考）

任务一：学生再读文本，深度思考并回答问题。

教师：After we read the whole passage，let's think about the following questions：Why are the Chinese without doubt the ones who best understand the nature of tea? What's the nature of tea?（读完整篇文章后，我们一起来思考下面的问题：为什么说中国人最了解茶的本质？茶的本质是什么？）

设计意图：文章最后一段的最后一句话提到"Even though many people now know about tea culture，the Chinese are without doubt the ones who best understand the nature of tea"，这句话非常值得探究，因此针对这句话提出2个深层次问题引发学生思考。对于第一个问题，学习本文后，学生不难想到"因为中国人是第一个发明茶的，因此最了解茶的本质"。而第2个追问能够引导学生根据日常生活和文学作品等，挖掘到"茶"所蕴含的丰富文化内涵，例如："respect（尊敬）""patience（耐心）""clearness（清白）"和

"inner peace（内心平静）"等。这一思考过程激励学生将生活与课本相联系，有效培养学生的观察能力、语言能力和思维能力，同时加深学生对中国传统文化的认识，让学生对优秀传统文化产生欣赏与自信，从而强化学生的民族文化意识和民族自豪感。

任务二：四人小组讨论，落实优秀文化传播。

教师：As we can see, tea is our national drink. Tea culture is one of our excellent Chinese cultures. So as Chinese students, what can we do to help the development and spread of tea?（正如我们所看到的，茶是我们的国饮，而茶文化也是我们优秀中华文化之一。因此，作为一名中国学生，我们应该如何促进茶文化的发展与传播？）

设计意图：由任务一的问题链接到此问题，其实也是从意识培养到行动引导的过渡。教师鼓励学生基于该语篇的神农、陆羽以及拓展的丝绸之路故事，同时超越语篇，结合当代现实生活，为优秀文化的传播建言献策。这一活动能够激励学生在真实的情境中利用所学的语言和文化知识解决实际问题，发散学生思维，提升迁移创新能力。同时也在课堂中升华情感教育，渗透家国情怀，作为一名中国学生，不仅要加强对中国传统文化的认同，增强民族文化自信，同时也要树立将中国传统文化发扬光大的理想信念。

环节6　Summary and homework（总结与作业）

总结：教师展示思维导图，帮助学生复述整篇文章，做好课堂总结。

教师：Here's a mind map of the passage. Now, let's look at it and retell the passage together.（这是这篇文章的思维导图。现在，让我们按照思维导图来复述这篇文章。）

设计意图：思维导图是隐性思维的显性工具。在此处利用思维导图，可以帮助学生将零散的信息串联起来，理清文章脉络，形成文章结构，梳理语篇，同时也进一步增强学生的语言能力和思维能力。

作业：教师布置本节课作业，巩固所学内容，落实文化传承。

教师：Imagine you are a Chinese ambassador, what kind of Chinese culture would you introduce? How would you spread the culture? Please write a passage to introduce a traditional Chinese culture and the way how you spread this culture.（想象一下，你是一名中国大使，你会介绍什么样的中国文化？你将如何传播这种文化？请写一段话，介绍一种中国传统文化，并说明你传播这种文化的方式。）

设计意图：作业设计紧扣文章主题，从课内延伸到课外，鼓励学生利用网络查找中华优秀文化的历史知识和发展过程，留心生活深挖文化内涵，培养民族文化意识，并根据文本进行语篇仿写，从而真正实现从语言输入到语言输出的目标。

【教学反思】

从知识和能力来讲，本节阅读课的教学设计能够有效帮助学生掌握与茶文化相关的词汇和短语，进一步感知一般过去时的被动语态的用法。同时，促进学生对茶文化的起源、发展及传播等信息的了解，拓宽了学生的知识面，丰富了学生的语言知识、历史知识和文化知识，提升了学生的语言能力。此外，本节教学设计采用了读前、读中和读后的PWP阅读教学法。读前预测让学生产生阅读期待，做好阅读准备。读中设置多样的阅读任务，例如快读获取文章大意，精读理解文章内涵，完成表格梳理文章结构，有效培养了学生的学习能力、逻辑能力和总结能力。而读后的问题思考环节，实现了由文本表层意思的处理到思维深度训练的转变，促进了学生思维品质的提升，发展了学生的多种思维能力。

从德育层面来说，本节阅读课的主题是"茶"，属于中国优秀传统文化的一部分。教学设计围绕茶的起源、发展和传播而展开，帮助学生深入了解茶文化的相关历史，接受传统文化的熏陶，培养民族文化意识，坚定文化自信。而课堂最后的深入思考讨论"茶文化的本质""如何传播优秀传统文化"问题，实现了让学生从对茶文化的浅层认知到深层认同的转变，树立传承与传播中华优秀文化的理想信念，在英语课堂中培养学生的爱国意识，涵养家国情怀。

公正法治
——社会主义核心价值观的护航舰
（授课教师：李琦）

单元主题背景：

《义务教育道德与法治课程标准（2022年版）》中提出："培育学生的法治观念，有助于他们形成法治信仰和维护公平正义的意识，做社会主义法治的忠实崇尚者、自觉遵守者、坚定捍卫者。"八年级学生正处于价值观形成的关键期，理解和守护公平正义对他们的成长至关重要。

通过前三个单元的学习，学生已经有了一定的知识基础，但由于欠缺社会生活经验，认识事物容易片面。比如有的学生认为社会的公平正义离我很遥远，公平正义只是国家机关的职责，从而秉持着"事不关己，高高挂起"的态度。有的同学在遇到非公正的对待时容易冲动，缺乏理性解决问题的能力。本单元旨在引导学生认识公平正义是社会稳定和发展的重要基石，激发他们对于公平正义的向往和追求，培养他们用正确的价值观和行动去守护公平正义，为构建公平正义的社会贡献自己的一份力量。

家国情怀教育目标：

培养学生的法治意识，明白法治在社会生活中的重要性，加深学生的法治信仰，树立对法律的敬畏之心，成为学法尊法守法的公民。帮助学生认识到自己享有的权利和应履行的义务，能够依法维护自己的合法权益，同时积极履行对他人和社会的义务。让学生明白自己作为社会成员的责任，积极参与法治社会的建设，为维护社会的公平正义贡献力量。

公正法治——社会主义核心价值观的护航舰
——以电影《第二十条》为例

【教学目标】

政治认同：明确坚守公平，需要个人的维护和制度的保障。理解实现公平正义对个人和社会的重要意义。

道德修养：增强崇尚公平、追求正义的情感，不歧视他人，努力做有正义感的人。

法治观念：领悟公平正义是法治社会的核心价值。

责任意识：为构建公平正义的社会贡献自己的一份力量。

【重点难点】

重点：个人坚守公平、维护正义的举措。

难点：制度保障公平，司法维护正义。

【教学准备】

PPT课件、电影《第二十条》片段。

【教学方法】

以案例式为主，结合社会热点新闻设置问题进行启发学习、合作探究。

【教学过程】

环节1 新课导入

小游戏：根据台词，猜电影名字。

台词一："法，不能向不法让步。"

台词二："我们办的不是案子，是别人的人生。"

台词三："法律，是让坏人犯罪的成本更高，不是让好人出手的代价更大。"

学生回答。

教师：影片通过展示一系列真实事件，让人们思考司法公正与人性真情之间的关系。目前票房已超24亿，央视等媒体对《第二十条》给予了高度评价，电影的热播反映了什么？

　　学生回答。

　　教师：我们每个人都渴望生活在公平正义的社会中，但公平正义不会自然而然形成，需要国家、社会、全体公民的共同参与和不懈努力，需要我们在生活中不断追求和践行。那么，我们应该如何坚守公平？如何守护正义？就让我们一起来学习第八课第二框《公平正义的守护》。

　　设计意图：通过猜谜的暖场小游戏，调动了课堂气氛，选取了同学们感兴趣的现实主义普法题材电影，通过几句经典台词唤醒学生们对公平正义的探索欲，使同学们对接下来的课程内容更感兴趣，提高他们对学习的主动参与度。

环节2　新课讲授

活动一：剧情再现

　　多媒体展示影片中的三个案件（一是公交车司机见义勇为被定性为防卫过当判刑；二是高中生制止校园霸凌被冤枉殴打同学；三是村霸凌辱弱势村民被反杀案）

　　教师：请谈谈你对这三个案件的看法。

　　学生回答。

　　教师总结：影片中的高中生无法理解出手相救被霸凌的同学后，其见义勇为的行为不仅不受肯定，反而要向霸凌者道歉；公交车司机不理解出手解救被流氓欺负的女乘客后，自己却因此要坐牢。王永强案在现实中也有原型，之所以这些案例引起广泛的社会舆论关注，就在于这些判决与社会大众最为朴素的公平正义感之间形成了较大落差。

　　设计意图：电影《第二十条》以更加生动的案件情节呈现法律问题，相较于传统的理论讲解，更能激发学生的探究欲和表达欲。电影中的人物命运容易引起学生的情感共鸣，使他们更加深入思考社会公众对于公平正义的渴望和追求，拉近了法律与学生生活的距离。

活动二：合作分享

　　教师：电影取材于现实生活，我们在生活中难免会遇到不公平的事，请同学们以四人小组为单位展开讨论。

问题：

（1）分享你在生活中遇到的"不公"，并谈一谈你当时的感受。

（2）如果影片中的司机、高中生、村民接受了不公平的判决，会带来什么影响？

小组代表回答。

教师总结：如果《第二十条》的主人公们接受了不公正的判决，会给当事人带来伤害，影响家庭成员的身心健康和对生活的期望。不公正的判决也会伤害普通民众对公平正义最朴素的情感期待，削弱了法律在人民心中的权威性和公正性，影响社会的公序良俗和道德风气，从而引发更多的社会问题和不稳定因素。

教师：人们为什么要追求公平呢？

学生回答。

教师总结：只有我们生活的大环境具有公平性，我们才有向上发展的空间和动力。期盼正义、实现正义、维护正义是我们的共同心声。

设计意图：通过小组交流分享自己的"不公"经历，使学生成为学习的主体，不仅锻炼学生的语言表达能力和倾听理解能力，还能够引起小组成员的情感共鸣，进一步感受影片中主人公们对命运的抗争和对公正法治的向往。

活动三：法律链接

案例1 2019年浙江喜来登度假村有限公司通过智联招聘平台发布人员招聘信息。闫女士投递了"法务专员"和"董事长助理"岗位的求职简历，其户口所在地填写为"河南南阳"。公司以"河南人"为由拒绝闫女士的应聘。闫女士支出公证费用1000元后，向杭州互联网法院提起诉讼，请求判令喜来登公司赔礼道歉、支付精神抚慰金以及承担诉讼相关费用。法院判决喜来登公司赔偿闫女士精神抚慰金及合理维权费用损失共计10000元；向闫女士进行口头道歉并在《法制日报》（2020年8月1日，更名为《法治日报》）公开登报赔礼道歉。

案例2 2023年6月，严女士收到一家公司发来的入职通知，告知她应聘上了财务主管的岗位。严女士在入职体检时发现自己怀孕，于是将这一情况如实告知。几天后，公司突然通知严女士，因规划调整岗位取消，而在其他平台上，该公司仍在发布相同岗位的招聘信息。多次沟通无果后，严女士以该公司侵害劳动者平等就业权、恶意取消岗位为由诉至法院。法院经审理后认为，该公司存在就业歧视行为，侵害劳动者平等就业权，应承担缔约过失责任。最终在法院主持下，双方达成调解协议，该公司赔偿严女士相关损失3万余元。

教师：面对不公正待遇，闫女士和严女士依法维权的做法对我们有何启示？

学生回答。

教师总结：遇到不公平的行为时，我们要坚守公平的原则和底线，以平和、理性的方式与相关方进行沟通，寻求解决方案。在合法权益受到严重侵害的情况下，考虑用法律途径来维护自身的合法权益。

播放视频：《第二十条》片段。

影片中的三条主线迎来结局，王永强被判定为正当防卫，无罪释放后与妻女团聚；公交车司机被追授见义勇为英雄，未成年女儿的生活也有了着落；学校处理了校园欺凌事件，韩宇辰洗脱污名重返校园。

教师：在追求公平的道路上，除了贡献个人的力量，还需要什么来保障呢？

学生回答。

教师总结：完善的法律法规是维护公平的重要基石，严格的执法是法律得以贯彻的关键，公正的司法审判是最后的救济。除了贡献个人力量，我们还需要国家从制度层面来保障公平的社会环境。

设计意图：

通过两则真实维权案例，让学生清楚了解劳动者的合法权益以及在权益受到侵害时如何依法维权，从而增强他们的法律意识，培养他们解决问题的能力。展示电影《第二十条》中王永强案的判决，让学生意识到除了个人坚守公平，国家也需要从立法、司法等制度层面来保障公平。

活动四：时事新闻

新闻一：珠海市一名中学生路遇抢匪挺身而出，获"见义勇为人员"称号。

新闻二：榆林市三名高中生勇救落水女孩，确保女孩安全后默默离开。

问题：

（1）新闻一启示我们可以如何守护正义？

（2）新闻二中一位高中生说"我不会水，什么都没管就下去救了"，你赞同他的做法吗？

学生回答。

教师点拨：在现代社会，我们提倡见义"智"为，因为守护正义既需要勇气，也需要智慧。面对险情，保持冷静，分析局势，既达到帮助他人解决问题的目的，又最大程度地保障自身的安全，降低风险和损失。

教师：但在现实生活中，也存在见义勇为反被索赔的社会新闻，部分人出于怕被讹诈的心理，想着"多一事不如少一事"。那我们来看看相关案例，了解如何解决公众的这种后顾之忧呢？

多媒体呈现新闻——"做心肺复苏压断老人12根肋骨遭索赔"一案，迎来终审判决结果：辽宁省高级人民法院驳回了齐某的再审申请，救助人孙向波不用对被压断肋骨的齐某承担民事赔偿责任。

多媒体呈现法律链接——我国《中华人民共和国民法典》第一百八十四条规定，"因自愿实施心肺复苏的救助行为造成被救助人损害的，救助人不承担民事责任"。

教师：由此可见，还有"谁"在守护正义？

学生回答。

教师：《中华人民共和国民法典》第184条也被大家誉为"见义勇为鼓励条款"，因为它的核心本质就是让每个人都愿意伸出手、敢于伸出手救助他人。无论是《中华人民共和国民法典》第184条，还是《中华人民共和国刑法》第20条，都是鼓励大家行正义之举，让公众有法可依。除了立法层面，司法机关必须严格司法，以法律为准绳，对案件进行公正的审理和裁决，确保程序正当，对有罪者施以惩罚，使无辜者得以清白。

设计意图：

从影片延伸到现实，结合珠海本地中学生见义勇为的事例，给学生树立榜样力量。同时教导学生面对危险时，不盲目冲动，要运用智慧和策略，以更加安全、有效的方式来解决问题，要最大程度上保障自身和他人的安全。

剖析现实生活中见义勇为反被勒索的案例，引出《中华人民共和国民法典》第184条，鼓励同学们见义智为，发扬乐于助人的传统美德，同时肯定了司法程序对于维护社会公平正义的保障作用。

活动五：探究习语

电影《第二十条》不仅是对《中华人民共和国刑法》第二十条的生动解读，也是对法治精神和社会正义的深刻探讨。习近平总书记强调，"要懂得'100-1=0'的道理，一个错案的负面影响足以摧毁九十九个公正裁判积累起来的良好形象。执法司法中万分之一的失误，对当事人就是百分之百的伤害。"

教师：结合本节课所学，请你解读习总书记的法治公式。

学生回答。

教师总结：公平正义是人类追求的永恒目标，是法治社会的核心价值。实现公平正义，是国家、社会和全体公民的共同责任。

设计意图：

习总书记的金句蕴含着丰富的社会主义核心价值观，强化政治引领，增强理论深度，鼓励学生积极进取、勇于担当，能够帮助学生形成正确的法治思维。

环节3　课堂总结

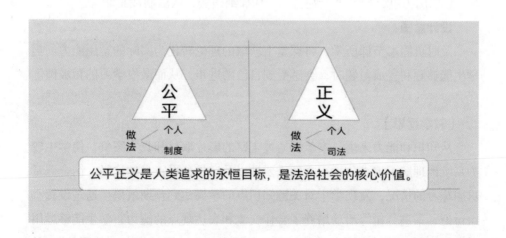

教师：同学们，通过这堂课的学习，我们深刻认识到公平正义不仅是社会文明的基石，更是我们每个人应有的追求。在生活中，我们可能会遇到各种不公平、非正义的现象，但我们要坚信，公平正义如同阳光，虽有时会被乌云遮蔽，但终会穿透黑暗。作为新时代的青少年，我们要从自身做起，以公平之心待人，用智慧和勇气守护正义。当我们每个人都为公平正义贡献自己的力量时，我们的社会将更加和谐、美好。希望同学们在今后的生活中，始终怀揣对公平正义的向往，让公平正义之花在我们的行动中绽放！

设计意图：

将"公平"和"正义"放置在天平的两端，使学生更容易关注到本节课的核心关键词，一目了然。结合天平的视觉形式串联本节课知识点，有助于在学生脑海中留下深刻的印象。

环节4　巩固练习

1.习近平总书记高度重视维护和促进社会公平正义，公平正义是我们党追求的一个非常崇高的价值。捍卫社会公平正义的最后一道防线是（　）

A.法治　　　B.司法　　　C.法院　　　D.诉讼

2."理国要道，在于公平正直。"维护社会公平正义，我们青少年应该（　）

A.学会担当，做到见义智为　　　B.见义勇为，为此奋不顾身

C.以国为重，牺牲个人利益　　　D.杜绝违法，依法制裁犯罪

设计意图：

及时巩固本节课所学，将课堂上获取的理论转化为实际的运用能力。当学生能够顺利完成习题时，会感受到自己的进步，从而激发学习的积极性。

【教学反思】

从知识和能力来讲，本节课通过丰富的影片取材和真实案例，使学生较为系统地理解了追求公平正义的重要性以及守护公平正义的途径，结合课堂巩固练习的情况，发现学生对关键知识点的掌握达到预期效果。通过设置小组讨论、案例分析等活动培养了合作交流和表达观点的能力，学生能够运用所学知识对一些社会现象进行初步的分析和评价。同学们在"救不救""见

义勇为"还是"见义智为"的道德困境中展现出良好的思辨能力，并提出合理可行的解决措施。

从德育层面来说，对影片中案例的深入讨论，使学生在情感上认同公平正义的价值，激发了学生对公平正义的向往和维护公平正义的决心，培养了学生的正义感和社会责任感。运用习总书记的金句鼓励学生从身边小事做起，将公平正义的理念落实到日常行为当中。有学生反馈，在本节课的学习后，遇到无良商家敢于挺身而出，维护自己的合法权益，彰显了本节课的意义，不仅在理论上明白公平正义的重要性，更能在行动中成为公平正义的守护者。

探究传统文化精神　培养民族文化自信
——以明朝的科技、建筑与文化为例
（授课教师：方圆）

单元主题背景：

中华优秀传统文化源远流长、博大精深，是中华文明的智慧结晶。《义务教育历史课程标准（2022年版）》中提出："历史课程的目标是落实立德树人根本任务""使学生能够了解并认同中华优秀传统文化，认识中华文明的历史价值和现实意义，增强民族自尊心、自信心和自豪感"。2021年初教育部出台的《中华优秀传统文化进中小学课程教材指南》指出"中学历史是中华优秀传统文化教育的核心课程，有助于学生系统、深刻地理解中华优秀传统文化的历史渊源、形成发展过程及其在人类文明进程中的重要地位，领悟中华民族的独特智慧，坚定文化自信，厚植家国情怀。"对于初中历史学段，要求课程介绍古代诗歌、小说、戏曲、书法、绘画等文学艺术成就，使学生认识其独特文化价值，坚定文化自信；通过介绍古代科技成就，学生能够感受我国古人的独特智慧，激发民族自豪感。

家国情怀教育目标：

从对明朝的科技、建筑与文学的学习中认识到中国古代科学家们坚持不懈的奋斗精神，中国古代劳动人民的勤劳智慧，以及中国古代文学艺术的繁荣，使学生深刻体会到其中所蕴含的深厚的家国情怀，培养他们的民族自尊心、自信心和自豪感，激发学生们对祖国的热爱之情。

探究传统文化精神培养民族文化自信
——以明朝的科技、建筑与文化为例

【教学目标】

（1）知识与能力：了解三部科技巨著、明长城与北京城建筑特点、明朝小说艺术发展及时代背景与科技、建筑、文化的关系。

（2）过程与方法：搜集多种史料，用列表归纳法与比较分析法提高史料搜集与分析能力。对比前朝，理解明朝科技文化成就特点与发展脉络，培养时空观念。

（3）情感态度与价值观：结合自主学习与教师讲授，感悟科学家进取精神，体会古代劳动人民的智慧与艺术成就，感受传统文化的繁荣，激发传承中华优秀传统文化的使命感。

【重点难点】

重点：明朝的科技、建筑、文化成果。

难点：明朝的科技文化所蕴含的中华优秀传统文化内涵。

【教学准备】

课前学案，PPT课件。

【教学方法】

讲授法、情景创设法、小组讨论法、问题教学法。

【教学过程】

环节1　情景引入

教师：同学们，你们梦想的职业是什么？想成为科学家、建筑师或艺术家吗？若回到明朝，你们会选择哪个角色？希望贡献什么成就？带着疑问，我们一同探索明朝的科技、建筑与文化。

设计意图：通过情景创设法，激发学生的学习热情。课前，学生们通过自主搜集资料，深入探究自己感兴趣的领域，初步了解明朝的科技、建筑与文化成就，明确本课的知识框架和学习目标，提升自主学习的能力。通过这种方式，学生们不仅能够更好地掌握知识，还能培养他们的独立思考能力和创新精神。

环节2　假如我是明朝的科学家：如何帮助百姓解决问题？

教师：我们穿越时空来到了明朝，化身为一名科学家。在这里，你目睹了百姓生活中存在的诸多问题，那么，我们应该如何着手解决这些问题呢？

情景一：两位药材商人正为一株完整的植物争吵不休，他们争论的是这株植物的真伪。一位商人坚称这是桔梗，而另一位则坚称它是人参。他们带着这株植物前来，希望你能辨认出真相。

教师：在明朝之前，众多医药学家为中国的传统医学贡献了自己的智慧。请根据所学知识，制作一份涵盖中国古代不同历史阶段医学和药物学成就的时间轴。

学生：完成时间轴，并回顾中国古代医药学家及其著作的成就与影响。

教师：虽然此前中国古代医药学的成就已极为辉煌，但到了明朝，仍有药材商人无法准确区分各种中草药。我们应该向哪位伟大的医药学家学习，以帮助百姓解决这一问题？

学生：（课前观看《典籍里的中国·本草纲目》并总结）李时珍在编纂《本草纲目》时，纠正了历代药物学著作中的错误，并对药物进行了分类。他不仅增加了记录的药物种类，还提供了详尽的药方和药物形态图，有效解决了百姓难以辨认药物的问题。

教师补充：所谓"本草"，特指中药。《本草纲目》采用了"目随纲举"的编排方式，即先设定总纲，再在每个总纲下细分出具体条目，构建了一个条理分明的体系。这部著作总结了前代的药物学知识，极大地丰富了我国的医药学宝库，在世界医药史上占据了举足轻重的地位，被誉为"东方医学巨典"。

情景二：你注意到家乡的农民们稻谷收成不佳，他们对于如何使用水车也是一知半解，导致家庭经济状况窘迫。你渴望能够伸出援手，帮助他们改善现状。

学生：（课前观看《典籍里的中国·天工开物》）我们可以向宋应星学习。

宋应星将百姓日常生活中所用到的各种技术整理成《天工开物》，帮助当时的民众掌握这些技能。

材料一：《天工开物》的目录

材料二：生人不能久生，而五谷生之，五谷不能自生而生人生之。——《天工开物·乃粒》

材料三：教材中的相关史事和材料研读。

教师：请根据所提供的三则材料，概括《天工开物》所体现的核心思想。

学生：宋应星在著作中将谷物类置于首位，而将珠玉类置于次要位置，这种编排顺序彰显了以农为本的原则。这反映了宋应星的重农思想。

情景三：连续几个月的严重干旱，使得农作物大面积歉收。百姓生活困苦，饥饿使得许多人面容憔悴，面黄肌瘦。在这种情况下，一位农民向你求助，希望得到耐旱粮食作物的种子。

学生：明朝的耐旱粮食作物有甘薯，我们可以向农民介绍如何种植这些引进的甘薯。

教师：确实，有一位科学家与你们的想法不谋而合。他在其著作《农政全书》中详尽地总结了农业生产的各种经验、技术和研究成果，并且特别介绍了甘薯的种植方法。在编纂这部宏伟著作之前，他还撰写了《甘薯疏》，这是我国最早专门论述甘薯种植的专著，旨在指导农民如何种植甘薯。

材料四：

"身如逆流船，心比铁石坚，望父全儿志，至死不怕难。"——李时珍

"丐大业文人，弃掷案头！此书与功名进取毫不关也！"——《天工开物·序》

"至于农事，尤所用心。盖以为生民率言之源，国家富强之本。故尝躬执末耜之器，亲尝草木之味，随时采集，兼之访问，缀而成书。"——《农政全书·凡例》

教师：结合上述材料以及三位科学家的生活与著书经历，你能说说他们有哪些优秀品质值得我们学习？

学生：总结科学家们注重民生，实地考察，坚持不懈，刻苦钻研等精神。

教师：这三本书展示了中国在当时世界上具有先进水平的科学技术，它们随后被传播到国外，并被翻译成多种语言，在世界上产生了深远的影响。

直至今日，我们仍然会遇到许多问题，就像明朝的人们一样。许多科学家正勤勉不懈地致力于改善我们的生活。你们能说出两位你们认识的科学家的名字吗？

（学生回答科学家名字）教师补充屠呦呦与青蒿素，袁隆平与杂交水稻。

学生：合作完成学案上的表格并分组进行展示。

科学家	著作	类别	主要内容	地位	影响	精神

设计意图： 本节通过创设特定情境，激发学生自主探究明代科学家的贡献。学生在课前通过观看视频资料和阅读相关文献，已经对科学家们的探索精神有了初步的感知。随后，学生通过回答问题，深化对中国传统文化的具体认识，并在此过程中锻炼归纳和概括的能力。最后，联系现实，启发学生思考未来可以如何为国家的发展贡献自己的力量。

环节3 假如我是明朝的建筑师：如何规划设计重大工程？

教师：（课前提供两份工程设计要求）在课程开始之前，我们已经收到了两份工程设计要求。现在，请各位建筑师根据你们所选择的重要工程以及搜集到的相关资料，简要阐述你们的设计方案。

重大工程一：

项目名称：明长城

项目要求：（1）能够防御北方蒙古贵族南扰，是一个完整的军事防御体系。

（2）保证农耕地区与游牧地区的友好往来。

项目资料：中国长城博物馆VR展厅

（https://www.720yun.com/t/6fvkbmpl0r9?scene_id=94718420）

学生：完成设计方案表格

明长城	防御对象	
	起止范围	
	材质	
	组成部分	
	功能	
	作用	

教师：长城不仅是一个完整的军事防御体系，还是各民族交往的纽带和中华民族精神的象征。这是为什么？

在地图中指明长城位于北方游牧地区与农耕地区的连接线上，介绍重要关口和马市，以及他们的作用，引导学生体会万里长城所蕴含的中国古代劳动人民的血汗和智慧，是中华民族勤劳智慧，坚韧刚毅，充满向心力和凝聚力的民族精神的体现。

重大工程二：

项目名称：北京城

项目要求：（1）以宫殿为重点，体现封建帝王皇权至上的思想。

（2）包含各种民生设施。

项目资料：故宫博物院青少年网站（https://young.dpm.org.cn/），

全景故宫（https://pano.dpm.org.cn/#/），视频"对称的紫禁城里找不同""屋顶的形状大不同""紫禁城里的定海神针"

学生：完成设计方案表格。

北京城	营建情况	
	组成部分	
	布局特点	
	建筑特点	
	核心及设计者	
	地位	

教师：相信你们都在课前通过VR技术游览了故宫，了解了紫禁城的建

筑奥秘。那么，紫禁城给你们留下了怎样的印象？你们认为是什么理念促成了紫禁城这样的设计呢？

学生：紫禁城的建筑非常精美，布局十分严谨。这充分展现了皇权至上的理念。

设计意图：通过博物馆的虚拟现实（VR）展厅，学生们能够在家中亲身体验到明长城和北京城的壮丽，从而更加直观地感受到中华民族的智慧。通过自主完成长城和北京城的设计方案，学生们能够更深入地掌握相关知识点，并对知识的盲点进行补充和修正。

环节4 假如我是明朝的小说家：如何成为畅销书的作者？

教师：明朝的小说非常繁荣，要想成为明朝的畅销书作者可不容易，作为一名小说家，我们的作品要有什么样的特点才能够吸引读者的兴趣呢？

学生：情节跌宕起伏，人物个性鲜明，内容通俗易懂，语言生动有趣，篇幅结构宏伟。

教师：（出示三本小说相关图片），观察以上三幅图片，你知道他们分别来自哪部小说吗？按照上述小说特点，这几本小说能够成为明朝的畅销书吗？

学生：他们分别来自《三国演义》《水浒传》《西游记》，这几本小说可以成为明朝的畅销书。

教师：请根据教材，完成如下表格

小说	成书时间	作者	主要内容	艺术特点	成就

设计意图：通过情境创设和学生自主总结得出的畅销小说的特点即为三部小说的共同点，便于学生理解知识点。学生们在以往的各科学习中已经多次接触这些作品，通过表格快速梳理知识点可以提升课堂效率，同时也能提高学生的归纳总结能力。

环节5 课堂小结及课后作业

教师：同学们，通过这节课，我们仿佛穿越时空，成为了那个时代的人，了解了他们为国家所作出的贡献。那么，为何明朝的科技与文化能够如此繁荣呢？请结合我们所学的知识，尝试着进行总结。

政治上：明朝的专制集权达到了前所未有的高度，皇权得到了空前的强化。北京城的建筑风格严谨而宏伟，彰显了皇权的至高无上。同时，国家能够集中全国的力量来修建长城，这是一项巨大的工程壮举。

经济上：农业生产水平提升，农作物的引入，手工业技术的进步，资本主义的萌芽出现，与西方世界的联系日益紧密，这些都为科技的发展打下了坚实的基础。在科学家们的努力之下涌现了许多总结性的科学巨著。商品经济和工商业市镇的繁荣，市民阶层的持续扩大，以及印刷技术的发展，共同推动了小说的空前繁荣，使得文学艺术更加世俗化和大众化，对后世产生深远的影响。

课后作业：平凡铸就伟大，英雄来自人民。

教师：我们梦想中的职业可能是科学家、医生等，似乎只有这样，我们才能为国家作出贡献。然而，事实并非如此。生活中的每个人都在以自己的方式为国家作出贡献，每个人的付出共同汇聚成了充满向心力和凝聚力的民族精神。请你以"平凡铸就伟大，英雄来自人民"为主题，撰写一篇采访稿，采访一下长辈们的生活和工作经历，并体会他们为家庭、为国家的付出与贡献。

设计意图：将明朝的科技与文化成就置于经济社会发展的广阔背景下，帮助学生深入理解明朝科技文化所承载的中华优秀传统文化内涵，以及这些成就与当时社会背景之间的内在联系。同时，通过安排家长参与的采访作业，促进家庭成员间的亲密交流，使学生能够体会并理解长辈们艰苦奋斗的经历。

【教学反思】

从知识和能力来看，本课从明朝的科技、建筑、文化出发，不仅系统地梳理了明朝优秀传统文化，还整合了之前学习的传统文化知识，帮助学生构建起更加完善的文化史知识体系，并深刻理解中华文明的连续性。此外，本课通过扮演科学家、建筑师和小说家的角色，以学生为中心，引导他们亲自解决历史上的问题，从而提高他们进行历史解释的能力。通过课前和课中多样化的资料展示，学生从中增强了识读图片、文献等史料的能力，提升了史料实证能力。

从德育目标来看，本课程借助明朝科学家们的生平事迹，让学生感悟到中国古代人民的杰出品质。同时，通过将古代科学家与当代科学家的成就相联系，以及课后采访作业，学生能够体会到中国优秀传统文化的传承，以及家国情怀在生活中的具体体现。

在课程结构的安排上，本课程内容丰富，通过课前分组完成任务的方式，学生能够对课堂内容有一个初步的了解，并且节省了课堂上完成学案的时间。在实际授课过程中，应进一步提高课堂的紧凑性，通过教师适时地对学生的学习成果进行评价和启发，促进教学效果的提升。

第三篇

珠海市九洲中学
家国情怀教育实践活动案例

初中语文家国情怀教学实践总结
——以《土地的誓言》为例
（王欢）

【摘　要】家国情怀作为中国传统文化的重要组成部分，是初中语文教学中不可忽视的关键内容。本文以《土地的誓言》为教学案例，系统总结了在教学实践中如何通过文学作品的解读、情感引导和多样化教学手段，培养学生的家国情怀意识。通过文本分析、课堂教学设计与实施、教学效果评估等多个环节，探讨了家国情怀教育的有效路径与存在的问题，并提出了相应的改进建议。实践表明，注重情感共鸣和现实联系的教学方法能够显著提升学生的爱国意识和社会责任感。

【关键词】家国情怀；初中语文；土地的誓言；教学实践；教育效果

一、《土地的誓言》文本分析

（一）文本内容概述

《土地的誓言》是一篇充满革命精神的文章，主要描写了一位普通农民与土地之间深厚的情感，以及他在面对外来压迫时，誓死捍卫自己土地的故事。故事情节简洁但充满张力，通过一系列的冲突和情感描写，生动地再现了农民对于土地的深厚依恋与决心。这种依恋不仅仅是因为土地是生存的根本，更是因为土地象征着家园和信仰，是农民生活的核心。文章通过这一切入点，成功地表现了家国情怀这一宏大主题，揭示了在特定历史背景下，普通百姓如何通过自己的方式表达对国家和家园的热爱。

（二）人物形象塑造

在《土地的誓言》中，作者通过细腻的描写和对话，塑造了一个坚韧不拔、深沉内敛的农民形象。这个农民没有显赫的地位或超凡的能力，但他的内心却充满了对土地的深厚感情和对压迫的坚决抵抗。通过对他情感的层层剖析，读者可以感受到农民对土地的那种深切依赖和不可动摇的决心。

文章中的农民形象不仅仅是一个普通人，更是一个象征。他代表了无数在土地上辛勤劳作的中国农民，表达了他们对土地、对家园、对国家的深厚感情。这种感情是一种无言的誓言，是他们生命的一部分。在教学中，通过对这一人物形象的分析，学生能够更好地理解农民的内心世界，感受到家国情怀的深沉力量。

（三）情节设置与语言运用

《土地的誓言》在情节设置上极具张力。作者通过对矛盾冲突的层层推进，逐步将故事推向高潮。特别是在农民发誓要捍卫土地的那一刻，文章的情感达到了顶点。这种情节的设计不仅增强了故事的戏剧性，还通过情感的激发，深化了主题思想。

文章的语言简练而有力，每一句话都充满了感情和力量。作者通过简短的对话和内心独白，刻画出人物内心的复杂情感，表达出对土地的深沉依恋和誓死捍卫的决心。这样的语言运用，不仅增强了文章的感染力，还帮助读者更好地理解人物的内心世界。在课堂教学中，教师可以通过引导学生仔细品味这些语言细节，帮助他们体会文章的思想深度和情感力量。

二、教学实践方法

（一）教学目标设定

《土地的誓言》作为一篇充满家国情怀的文章，其教学目标应围绕以下几个方面展开：

理解文章主题：帮助学生理解文章中表现出的农民对土地的深厚感情，以及这一感情所代表的家国情怀。这一目标通过对文章内容的分析和情感的体验来实现，旨在让学生不仅能够理解文章表面的故事情节，更能够深刻感受到作者所要表达的思想内涵。

培养文学鉴赏能力：通过对人物形象和情节设置的分析，培养学生的文学鉴赏能力。这一目标旨在提高学生对文学作品的理解力和分析能力，帮助他们在阅读过程中逐步形成自己的见解和审美标准。

激发爱国情感：通过对文章中的农民形象进行分析，激发学生的爱国情感，增强他们的社会责任感。这一目标通过情感共鸣的方式实现，教师在教学过程中可以通过多种手段，引导学生感受农民对土地、对家园的深情厚谊，从而激发他们对祖国的热爱。

（二）教学过程设计

1.导入环节

在教学导入环节，教师可以通过播放与文章主题相关的视频或图片，营造一种沉浸式的课堂氛围。例如，可以展示中国农民耕作的场景，或是展示中国农村的风土人情，以激发学生的兴趣。随后，教师可以提出几个引导性问题，如"土地对农民意味着什么？""你认为一个农民为什么会如此重视自己的土地？"等，引导学生思考土地与农民之间的关系，初步感受文章所要表达的情感。

2.文本解读

文本解读是教学过程的核心环节。在这一环节，教师可以通过精读文本，引导学生逐步深入理解文章的主题思想和情感表达。在解读过程中，教师可以通过提问的方式，引导学生思考文章中的关键情节和人物的心理活动。例如，教师可以提出问题："文章中的农民为什么要誓死捍卫土地？""他的誓言反映了怎样的精神？"等，通过这些问题，帮助学生抓住文章的核心思想。

在文本解读过程中，教师还可以结合背景知识的讲解，帮助学生更好地理解文章的历史背景和社会环境。例如，可以简要介绍中国农村社会的结构和土地制度，以及农民与土地之间的特殊关系，从而帮助学生更好地理解文章中农民对土地的深厚感情。

3.人物分析

在人物分析环节，教师可以通过对文章中主要人物的深入剖析，帮助学生理解人物形象的塑造方式和情感表达。例如，可以组织学生讨论："农民对土地的感情是否仅仅是因为生计的需要？""他的誓言反映了怎样的情感？"等问题，通过讨论，帮助学生深入理解人物的内心世界和情感变化。

此外，教师还可以引导学生通过描写细节和人物对话，分析人物的性格特征和心理活动。例如，可以让学生分析文章中的某些关键对话，探讨这些对话如何表现出人物的性格特征和内心情感，从而帮助学生更好地理解人物形象的塑造方式。

4.讨论与延伸

讨论与延伸环节是教学过程中的一个重要组成部分。在这一环节，教师可以通过组织小组讨论或课堂辩论，帮助学生进一步深化对文章主题的理解。例如，可以组织学生讨论现代社会中如何理解和实践家国情怀，通过对现实问题的探讨，帮助学生将家国情怀与个人责任感结合起来。

此外，教师还可以布置一些课外作业，如撰写与家国情怀相关的短文或报告，进一步巩固课堂上学到的知识。例如，可以让学生撰写一篇以"我眼中的家国情怀"为主题的短文，通过写作，帮助学生在实践中进一步理解和表达家国情怀。

三、教学效果分析

（一）学生的情感反应

通过《土地的誓言》一课的教学，学生普遍表现出了较强的情感共鸣。文章中的农民形象深深打动了学生，使他们更好地理解了家国情怀的内涵。在课后反馈中，多数学生表示通过这堂课，他们对家国情怀有了更深刻的认识，尤其是对土地和家园的深厚感情有了更直观的理解。这种情感共鸣为他们进一步理解和内化家国情怀打下了良好的基础。

（二）知识与技能的提升

在知识方面，学生通过对文本的分析，掌握了更多的文学分析技巧，尤其是在人物形象塑造和情节设置方面的理解有所加深。通过对《土地的誓言》一课的学习，学生的阅读理解能力和文学鉴赏能力得到了有效提升。同时，学生在分析文章主题和情感表达时，也学会了从多个角度思考问题，提高了他们的批判性思维能力。

在技能方面，学生的语言表达能力和思维能力也得到了显著提升。特别是在讨论与辩论环节中，学生的逻辑思维和论证能力得到了有效锻炼。通过这些教学活动，学生不仅学会了如何分析和理解文学作品，还提高了他们在表达自己观点时的自信心和语言组织能力。

（三）社会责任感的增强

通过《土地的誓言》一课的教学，学生的社会责任感得到了有效提升。许多学生在课后讨论中表示，他们开始思考自己在家庭、学校和社会中的责任，以及如何以实际行动表达对国家的热爱。这种意识的觉醒为他们日后的成长和社会实践打下了良好的基础。

学生还通过课外作业，如撰写与家国情怀相关的短文或报告，进一步深化对家国情怀的理解。在这些作业中，学生表达了他们对土地、家园和国家的深厚感情，展示了他们对社会责任感的理解和认同。这种表达不仅是课堂学习的延伸，也是他们个人成长的一部分，标志着他们在情感和思想上的进一步成熟。

四、存在问题与改进建议

（一）教学内容的复杂性

在教学过程中，部分学生对文章中的历史背景和社会环境理解不够深刻，导致他们在理解家国情怀时出现一定的困难。这一问题的产生，主要是由于学生在学习过程中缺乏对中国历史和农村社会的深入了解，从而无法全面理解文章的背景和作者的创作意图。

为了解决这一问题，教师可以在教学过程中增加对背景知识的讲解，帮助学生更好地理解文章的历史背景和社会环境。例如，可以在课堂上简要介绍中国的土地制度和农村社会结构，帮助学生理解农民与土地之间的特殊关系。此外，教师还可以通过多媒体资料的运用，如播放相关的纪录片或历史资料片，帮助学生更直观地理解文章的背景和内容。

（二）教学方法的多样性

尽管在《土地的誓言》一课中运用了多种教学方法，但在具体实施过程中，部分方法的效果并未达到预期。例如，部分学生在讨论环节中的参与度不高，原因可能是讨论问题的设置过于抽象或不够贴近学生生活。对此，教师可以尝试设置更加贴近学生实际生活的问题，或通过更具吸引力的方式引导学生参与讨论。

（三）学生个体差异的应对

由于学生个体差异较大，部分学生在情感表达和思维能力方面存在一定的不足，导致他们在课堂活动中的表现不够积极。对此，教师可以在课前分组时考虑学生的个体差异，通过小组合作的方式，让能力较强的学生带动能力相对较弱的学生，共同完成学习任务。

五、结论

通过对《土地的誓言》这一课的教学实践分析，本书总结了初中语文教学中家国情怀教育的有效策略。基于具体的课堂教学案例，本研究探讨了如何通过文学作品的解读、情感引导和多样化教学手段，帮助学生理解和内化家国情怀的核心内涵。教学实践表明，注重情感共鸣和现实联系的教学方法能够显著提升学生的爱国意识和社会责任感，为他们树立正确的价值观和社会责任感奠定了基础。

然而，在具体实施过程中，仍然存在若干需要进一步改进的问题。首先，由于学生对历史背景和社会环境的理解深度不足，导致部分学生在文本解读中遇到困难。因此，在教学中适当增加背景知识的讲解，并通过多媒体手段进行辅助，能够帮助学生更全面地理解作品。其次，课堂活动的参与度因讨论话题设置得不适宜而有所欠缺。在今后的教学设计中，教师应根据学生的实际生活经验来设置讨论问题，增强课堂的贴近性和趣味性。此外，针对学生个体差异较大的问题，教师应通过合理的分组和个性化辅导，充分调动每一位学生的积极性，帮助他们克服学习中的困难。

在未来的教学实践中，教师应继续探索和完善家国情怀教育的方法与策略，通过创新性的教学设计和多样化的课堂活动，帮助学生在文学作品的学习中深刻理解和体验家国情怀。同时，教师还应加强与学生的互动与交流，了解他们的需求和困惑，并给予针对性的支持和指导。通过不断改进和优化教学方法，教师能够更有效地引导学生将家国情怀内化为个人的精神信仰，从而更好地肩负起未来的使命与责任。

"用英语讲述中国故事"
——基于家国情怀教育的初中英语学科活动实践
（刘姝君）

【摘　要】继习近平总书记 2013 年首次提出"讲好中国故事，传播好中国声音"后，新课标提出——围绕核心素养确定课程目标，培养学生文化意识，增强学生家国情怀和人类命运共同体意识，涵养品格，提升文明素养和社会责任感。因此，在英语教学中融入中国文化已经成为初中英语教学不可缺少的一部分。本文将以初中英语学科活动实践为例，立足于新课标背景，探究如何在学科活动中渗透家国情怀教育。

【关键词】家国情怀；中国故事；文化自信；学科德育

一、在英语学科活动中开展家国情怀教育的背景

（一）家国情怀教育的重要性

1.培养学生的爱国主义情感

爱国主义是家国情怀的核心，继习近平总书记2013年首次提出"讲好中国故事，传播好中国声音"后，2017年，总书记在十九大报告中再次强调要"讲好中国故事"，展现"真实、立体、全面的中国"。2022年，党的二十大报告也明确提出，"加快构建中国话语和中国叙事体系，讲好中国故事、传播好中国声音，展现可信、可爱、可敬的中国形象。"中国文化博大精深，

源远流长，是中华民族智慧的结晶。在英语学科活动中渗透家国情怀和爱国主义教育，能够让学生更加了解祖国的历史、文化、成就和发展，激发学生对祖国的热爱和自豪感。

2.增强学生的文化自信

《义务教育英语课程标准（2022年版）》提出：围绕核心素养确定课程目标，培养学生文化意识，增强学生家国情怀和人类命运共同体意识，涵养品格，提升文明素养和社会责任感。中华民族的伟大复兴离不开家国情怀的渗透以及对国人文化自信的培养，初中英语教学已经开始涉及中西方文化的对比和交流。在这个过程中，引导学生正确认识和评价本国文化，弘扬中华优秀传统文化，有助于增强学生的文化自信，使他们在国际交往中能够坚定地传播和捍卫本国文化。

3.促进学生的全面发展

家国情怀教育能够培养学生的社会责任感、团队合作精神和创新能力，使学生在关注国家和社会发展的过程中，不断提升自身的综合素质，实现全面发展。

（二）家国情怀教育在新课标中的渗透

新课标提出在英语教学过程中要将中国优秀文化融入其中，引导学生去认知、理解、认同以及传播中国优秀文化，培养家国情怀，增强文化自信。由此可见，教师首先要以立德树人为己任，聚焦学科核心素养，重视对学生的家国情怀教育。如今，2024年人教版新教材已经投入使用，与新课标相呼应，新教材增加了非常多的中国元素，学生可以通过对教材的学习，以各种方式向世界传播中国故事。鉴于此，笔者认为为了配合丰富多彩的教材内容，除了日常的课程教学，英语教学还应扩大育人场景，结合课外活动、学科活动等方式，让中华文化更有效地融入英语学习，让学生的能力在更加生动的语言环境中得到锻炼。因此，如何在新课标导向下落实家国情怀教育指导，则成为值得英语教师深思的重要课题。

（三）英语学科活动的特点及优势

1.语言载体功能

英语作为一种语言工具，为学生提供了了解世界、表达思想的渠道。在英语学科活动中，可以通过阅读、写作、口语交流等形式，引导学生用英语讲述中国故事，传播中国声音。

2.跨文化交流平台

英语学科活动通常涉及不同国家和文化的内容。这为学生提供了一个跨文化交流的平台，使他们能够在对比中更好地理解本国文化的独特性，同时培养包容和尊重不同文化的态度。

3.趣味性和多样性

英语学科活动形式丰富多样，如英语演讲比赛、英语戏剧表演、英语手抄报制作等。这些活动具有较强的趣味性和吸引力，能够激发学生的学习积极性和主动性。

二、在英语学科活动中开展家国情怀教育的策略

（一）深入挖掘教材中的家国情怀元素

英语教材中蕴含着丰富的家国情怀教育资源，教师要善于挖掘和整合。例如，在人教版初中《英语》（八年级下册）"Unit 6 An old man tried to move the mountains." 中，围绕"故事和传说"主题展开，其中Section A部分涉及了《愚公移山》《后羿射日》《女娲补天》《美猴王》等中国经典民间故事和文学名著。

（二）设计多样化的教学活动

首先，可以开展主题阅读演讲比赛，组织学生阅读相关英语文章、书籍，并进行小组或全班讨论；其次，通过组织英语戏剧表演，介绍中国传统历史

文化故事等；此外，结合美术学科举办英语手抄报比赛，不但能锻炼学生的动手能力，也能让学生更加了解中国的传统节日、风俗习惯、民俗文化等。

（三）引导学生在跨文化交流活动中树立正确的家国观念

1.对比中西方文化

在学科活动中，引导学生对比中西方文化理念、爱国主义表现等方面的差异，让学生在了解西方文化的同时，更加珍惜和认同本国文化。

2.培养文化批判意识

帮助学生学会客观分析和评价外来文化，抵制不良文化的影响，坚定维护本国文化的尊严和价值。

（四）利用现代信息技术拓展家国情怀教育渠道

推荐优质英语学习网站和资源，引导学生浏览有关中国历史、文化、社会发展的英语网站和视频，拓宽学生的视野。

三、在英语学科活动中开展家国情怀教育的实际案例

九洲中学八年级英语备课组将人教版初中《英语》（八年级下册）"Unit 6 An old man tried to move the mountains."这一单元中Section A部分的中国传统故事与Section B部分的英文剧本相结合，引导学生自编自导自演英文传统故事戏剧。与此同时，为了配合本学期的英语学科活动，八年级英语备课组开展了名为"用英语讲述中国故事"的英语活动。

（一）"用英语讲述中国故事"活动介绍

八年级的学生们恰处于一个极为渴望证明自身且精力尤为充沛的阶段。

为有效激发学生对于英语学习的浓厚兴趣，使其获取英语学习的成就感，同时培育学生的家国情怀以及文化自信，老师们策划了独具特色的英语学科活动——"用英文讲述中国故事"英语活动月。

本活动共划分为三个阶段：一，中国传统文化手抄报评比；二，中国传统文化V-log展示；三，"用英语讲述中国故事"汇报演出，演出节目包含个人演讲、舞蹈、歌曲、戏剧等。

（二）"用英语讲述中国故事"活动中英语学科核心素养的应用

学科活动为学生们提供了机会，让他们在语言能力、文化意识、思维品质和学习能力等核心素养方面得到了全面的提升。

语言能力：在进行V-log录制、背景解说、演讲以及戏剧表演时，学生需要不断地磨练词汇、语法和发音。为了准确而生动地传达故事中的情感、情节和文化内涵，他们还需要精心选择词汇，构建精准的句子结构，注重语音语调的抑扬顿挫，进行反复的练习和表达。尤其是戏剧表演中，无论是讲述古老的神话传说，还是近代的历史事件，学生们都在实践中逐渐掌握了如何运用恰当的语言、表情和动作来吸引观众，使表演更加流畅、自然和准确。

文化意识：中国故事蕴含着深厚的传统文化、价值观念和社会习俗。在准备的过程中，学生们深入研究故事背后的文化根源，理解其中所承载的中华民族的智慧和精神。这种对本土文化的深度挖掘，不仅让他们对自己的文化根源有了更深刻的认识和自豪，也培养了他们在跨文化交流中传播和弘扬中华文化的自觉意识。他们用英语展示中国的春节、端午节等传统节日，在不同文化的对比和交流中，学会了尊重和欣赏多元文化。当他们介绍《嫦娥奔月》等经典传说时，以激情、投入的讲述，展示了中华儿女的智慧与勇气，从中国古代神话故事嫦娥奔月的起始，论及当今中国航天事业的发展——"嫦娥探月工程"的重大进步。

思维品质：为了将中国故事讲述得引人入胜，学生们需要对故事进行分析、整合和创新。在创作戏剧剧本时，学生要思考如何组织情节、突出重点，如何以独特的视角和新颖的方式呈现给观众，这一过程锻炼了他们的逻辑思维、批判性思维和创新思维能力。他们学会了从不同的角度看待问题，对故事中的人物、事件进行评价和思考，提出自己的见解。同时，在面对创作过程中的各种挑战和问题时，学生们不断地尝试新的方法和策略，培养了解决问题的能力和应变能力。

学习能力：为了能够用英语讲好中国故事，学生们主动查阅大量的资料，包括历史文献、文化研究成果以及相关的英语表达范例。他们向老师和同学请教，不断完善自己的讲述内容和表达方式。这种自主学习和合作学习的过程，让学生们掌握了有效的学习方法，培养了学习的兴趣和积极性，逐渐学会如何制定学习目标、管理学习时间、评估学习效果，为今后的终身学习奠定了坚实的基础。

（三）"用英语讲述中国故事"活动中家国情怀教育的实际成效

在本次学科活动中，学生需要全程使用英文来表达对中华文化的理解。不论是英文演讲、戏剧演绎还是其他节目的解说，学生都需要查阅资料，进行汇总、整理和分享。学生在理清创作思路的同时，培养了自身的跨文化意识，增强了文化自信心。学生不但感受到了祖国几千年文化的博大精深，也深刻体会到祖国的强盛离不开整个中华民族的团结奋进。通过参与活动，不仅学生的英语语言能力得到了显著提高，"家国情怀"这一理念也深深地植入了他们的心底，增强了学生的民族自豪感和文化自信，让他们对中华优秀传统文化有了更深入的了解和认同。

从教师角度出发，本次学科活动也让教师们深刻意识到语言和文化是不可分割的。首先，语言是文化的载体和写照。教师应该让学生转变观念，明白学习中国文化不但能够促进英语的学习，而且能更好地理解中外文化的差异，从而增强学习本国文化的意愿。其次，兴趣是最好的老师。多样化的学科活动能够吸引学生的兴趣，直观地向学生展示中国文化，提高学生的积极性。

此外，教师在组织和指导活动的过程中，能够不断更新教育教学理念，提高自身的专业素养和教育教学能力，帮助学生借助信息化手段收集相关资料的同时，深化了学生对中华文化的认识。此举不但促进了学生的个体发展，满足了学生的兴趣和需求，也带动了师生关系，使其更加融洽。

四、结论与反思

（一）结论

在本次基于家国情怀教育的初中英语学科活动实践中，我们致力于将家国情怀融入英语学习中，通过多种形式的活动，激发学生的爱国情感和文化认同，同时提高他们的英语语言能力。

1.活动形式多样

我们组织了传统文化英语手抄报评比，让学生用英语讲述了传统节日，民间故事，民族英雄等，鼓励学生用图文并茂的方式展现中国传统文化的魅力；进行了个人V-log展示，以经典的神话故事为蓝本，培养了学生口语表达能力；举办了汇报演出，以戏剧，演讲等多种形式培养学生的团队协作和表达能力，增强学生对本国文化的自信，渗透家国情怀教育。

2.学生参与积极

学生们对学科活动表现出了浓厚的兴趣和热情，积极参与其中。他们在准备演讲、制作手抄报和排练戏剧的过程中，主动查阅资料、学习相关英语表达，不仅提高了英语水平，还深入了解了中国的历史、文化和价值观。

3.教育效果显著

通过这些活动，学生的英语听说读写能力得到了锻炼和提升。更重要的是，他们对祖国和家乡的热爱之情更加深厚，对中华优秀传统文化有了更深刻的认识和理解，增强了民族自豪感和文化自信。

（二）反思

1.活动内容深度有待提高

在第一阶段手抄报的策划上，对于家国情怀的内涵挖掘还不够深入，只是停留在传统文化的表面展示和介绍。未来应进一步引导学生深入思考中华传统文化背景下家国情怀的表现与意义。

2.学生个体差异关注不足

在活动中，一些英语基础较好的学生能够充分发挥自己的优势，而部分基础较弱的学生参与度相对较低。在后续活动中，需要更加关注学生的个体差异，提供更多的个性化指导和支持，确保每个学生都能在活动中有所收获。

3.活动评价不够全面

目前的活动评价主要侧重于学生的作品成果和表现，对于学生在活动过程中的情感体验、思维发展等方面的评价不够完善。应建立更加全面、科学的评价体系，综合考量学生的多方面表现。

4.与其他学科融合不够紧密

英语学科与其他学科之间的联系尚未充分发挥，家国情怀教育的跨学科整合还有待加强。未来可以加强与历史、政治、语文等学科的合作，形成协同育人的合力。

将家国情怀教育融入英语学科活动是创新，也是挑战。面对两种文化的冲击，不但教师在英语教学中承担了重要的使命，学生也锻炼了自身的综合素养能力。通过充分发挥英语学科活动的特点和优势，采取有效的教学策略和方法，能够有效激发学生的爱国热情，培养学生的文化自信和社会责任感，使他们成为既有国际视野又有家国情怀的优秀人才。在今后的教学实践中，我们应不断探索和创新，为家国情怀教育在英语学科中的深入开展提供更多有益的经验和借鉴。

【参考文献】

[1]习近平.决胜全面建成小康社会夺取新时代中国特色社会主义伟大胜利——在中国共产党第十九次全国代表大会上的报告[N].人民日报，2017-10-28.

[2]教育部.义务教育英语课程标准（2022年版）[S].北京：北京师范大学出版社，2022.

[3]储晓雨.核心素养背景下初中英语德育教育的实践与思考[J].校园英语，2023，（43）：73-75.

[4]吴勇，李莉莎，梁嘉敏.初中英语课堂中的新时代爱国主义教育[J].英语广场，2023，（35）：129-132.

[5]陶芳铭.初中英语教科书的中华优秀传统文化分析[J].天津师范大学学报（基础教育版），2020，21（03）：47-52.

[6]程裕祯.中国文化要略（第4版）[M].北京：外语教学与研究出版社，2017.

[7]束定芳，庄智象.现代外语教学：理论、实践与方法（修订版）[M].上海：上海外语教育出版社，2008.

[8]王蔷.英语教学法教程（第二版）[M].北京：高等教育出版社，2006.

[9]朱永新.新教育之梦[M].北京：人民教育出版社，2002.

附：《嫦娥奔月》演讲稿节选

The story of Chang'e shows the ancient people's worship of moon. Since ancient times, Chinese people has been longing for the moon and the stars.

Is this the end? No! Chinese people will not let the story's ending just like this. Nowadays, there are things called Chang'e. I am sure you have heard of the Chang'e lunar exploration project. But do you know when it set up? How many spacecraft has it launched?

In two thousand and four, China's lunar exploration project was officially launched. On October 24, 2007, Chang'e-1 was launched. Chang'e-2 was launched on October 1, 2010. The most famous of them was the historic landing of the Chang'e four spacecraft on the moon's far side in twenty nineteen. From Chang'e one to Chang'e five, China's space exploration has never stopped. The story of Chang'e is still being written!

From legend to technology, Chinese people not only use their hard work and wisdom wrote their own story of China but also show the unique romance of Chinese people.

This is the story of China. We have imaginative legends and the world-leading technology. Every Chinese is proud of it. And we say：上九天"嫦娥"揽月，踏星河"长征"相伴.

讲好家国故事，厚植家国情怀
——以部编版八年级历史实践活动为例
（徐斯琳）

【摘　要】家国情怀是历史学科实现立德树人的重要策略，其在历史教学中的重要性不言而喻。家国情怀教育贯穿教育教学始终，通过跨学科学习、项目式学习、参观博物馆等形式，将德育与学生素养培育巧妙融合，讲好家国故事，厚植家国情怀，让学习更加凸显人文情怀。

【关键词】家国情怀；跨学科教学；项目式学习；初中历史教学

《义务教育历史课程标准（2022年版）》明确指出，家国情怀是历史学科五大核心素养之一，其目的在于引导学生形成对家乡、国家和中华民族深厚的情感认同与责任担当。首都师范大学徐蓝教授同样指出："家国情怀指的是一个人对自己国家持有的高度认同感和归属感、责任感和使命感，是为实现国家富强、人民幸福所展现出来的持久的理想追求，是对自己国家和民族，乃至整个人类前途和命运所表现出来的深情大爱。"在中国近现代史教学中，大量的历史素材可以培育学生的家国情怀。

一、家国情怀在中国近现代史中的内涵

家国情怀在中国近现代史中的内涵是多层次的，它不仅是对家国的认同，更蕴含着强烈的民族自尊心和自信心。在中华民族历经磨难、饱尝艰辛

的过程中，家国情怀成为凝聚和支撑民族坚毅前行的强大精神动力。

家国情怀的形成和发展，是优秀传统文化的继承和发展，它代表着中华民族数千年来深沉的精神追求，并积极回应时代主题。在近现代，家国情怀特别体现在反抗外来侵略、维护国家统一和追求民族复兴的过程中。在面临内忧外患的近代中国，家国情怀转化为反抗西方列强侵略的重要精神武器。家国情怀在当代的内涵进一步得到升华，它与对马克思主义的信仰、对中国特色社会主义的信念、对实现中华民族伟大复兴中国梦的信心紧密结合。在新时代，家国情怀要求我们在实践中明大势、谋全局，将个人理想融入国家和民族发展之中，为实现人民对美好生活的向往而持续奋斗。

二、在初中历史学科中开展家国情怀教育的策略

（一）充分挖掘乡土教育资源，培养学生热爱家乡的情感

乡土是指个体或其族群生于斯、长于斯之地，在此地理和生态区域内形成的共同民风习俗、文化传统、宗教信仰等方面的聚合体。将乡土资源融入历史课堂，这便是乡土历史资源，它是一种有效的教育渠道，具有独特的教育功能与作用。一部乡土史就是一个地方历史发展的见证。

以珠海市乡土教育资源为载体，有利于进一步推进和拓展中学历史课程建设，更有利于厚植学生的家国情怀，培养学生热爱家乡的情感。比如与中国近代史所学相关的珠海爱国主义教育基地有：苏兆征故居、林伟民纪念广场、杨匏安故居等，带领学生开展历史社会实践活动，让学生更加直观地了解新民主主义革命时期的历史。在中国现代史的学习中，珠海作为四大经济特区之一，让学生对珠海进行实地考察，对自己家里经历过珠海改革开放历史的亲人进行人物访谈。

充分挖掘乡土教育资源，有利于拓展历史课堂，让学生运用历史课学到的中国近现代史知识进行社会实践；有利于延伸历史纪录，通过采访亲人，让改革开放史走进孩子们的视野；有利于挖掘乡土历史，不仅激发了学

习兴趣，也增强了学生对家乡的自豪感和责任感，讲好家国故事，厚植家国情怀。

（二）利用项目式学习任务，推动家国情怀的体验与生成

项目式学习是一种以学生为中心的教育方法，它通过解决具有实际意义的问题来激发学生的主动学习和合作探究。这种学习方式强调以项目为核心，教师扮演指导者的角色，而学生则是学习的主导者。家国情怀作为历史教学中重要的目标，其价值导向和认同感对于学生的成长至关重要。然而，由于家国情怀的概念较为抽象，且其培养需要时间和逐步深入的过程，因此在教学中的引导、培养和评价都面临挑战。因此在教学实践中，我们可以将家国情怀的培养与项目式学习有机结合。

在历史教学中，青年学生的民族认同和归属感往往根植于对本国文化遗产的深刻理解，而博物馆和图书馆提供了一个直观且便捷的途径，能够让学生亲身体验和接触历史的脉动。因此本校历史科组以珠海红色文化为依托，设计《传承红色基因，追寻红色记忆——我是"珠海红色故事宣讲员"》项目式学习任务，以此推动家国情怀的体验与生成，在项目式学习中，讲好家国故事，厚植家国情怀。

（三）开展跨学科主题学习活动，切实提升家国情怀

随着我国义务教育课程改革的持续推进，跨学科学习正逐渐成为教育领域的热点，《义务教育历史课程标准（2022年版）》中明确提出了"跨学科主题学习"这一内容。通过设立跨学科主题学习活动，增强不同学科间的联系，推动课程内容的综合实施，并加强实践教学的要求，使学生的历史学习更加全面和深入。

培养家国情怀素养并非单一学科教学所能独立实现的任务，它需要跨学科以及超越学科界限的教育活动共同促进。然而，传统教育中过分侧重于分科教学，这限制了对学生综合素质的培养。因此，通过在各学科课程中融入跨学科主题学习，可以有效补充并丰富学校课程内容，从而切实提升家国情怀。

因此历史科组布置的手抄报作业——《珠海历史社会调查报告——我们的家乡珠海》《作业纸上的新青年》，将历史、语文、数学、美术学科融合在一起，强调学生的主导作用，以改革开放、新民主主义革命这一课题为核心，通过多样化的教学活动来点燃学生的学习热情。鼓励学生整合不同学科的知识点，应用于解决现实问题中，从而提升学生综合分析和解决问题的能力，通过此达到切实提升家国情怀的目的。

三、在初中历史学科中培育家国情怀的实际案例

（一）案例1：《传承红色基因，追寻红色记忆——我是"珠海红色故事宣讲员"》

1.项目式学习流程与实施

在学生学完中国近代史之后，科组老师充分利用珠海红色资源，布置了《传承红色基因，追寻红色记忆——我是"珠海红色故事宣讲员"》项目式学习任务，并罗列出和所学相关的珠海爱国主义教育基地：苏兆征故居、林伟民纪念广场、杨匏安故居等。

学生选取自己感兴趣的珠海爱国主义教育基地，搜寻在中国新民主主义革命时期珠海和中国共产党相关的历史，确定自己红色故事主人翁，完成第一部分珠海红色故事资料搜集。搜集完资料之后，学生可以参观与红色故事相关的名人故居或博物馆。老师提出要求：集中关注名人故居或博物馆中的一件或几件红色文物，并且制作一份3分钟讲解视频，视频可以和家人一起参与录制。此外，学生需要自己独立制作一份以《传承红色基因，追寻红色记忆——我是珠海"红色宣讲员"》为主题的手抄报，手抄报要能体现以上所有阶段的努力和收获。

2.项目式学习成效

（1）参观历史博物馆，唤醒家国情感

爱国主义教育基地是爱国情怀教育重要的实践场所，其中收藏的各类历

史实物素材是爱国情怀教育实践的关键对象。蕴含丰富历史意义的爱国主义教育基地见证了中国共产党和中国革命从探索、初创、奋斗到发展壮大的全过程，尤其是纪念馆中记载的重大历史事件和标志性人物，生动地讲述了一幕幕历史故事。

学生在参观苏兆征、杨匏安、林伟民等名人故居时，在与不同类型的实物进行接触的过程中，不仅增加了知识积累，精神也得到了升华。在杨匏安、苏兆征、林伟民等故居中瞻仰英雄本色，在历史物品中感受时代变迁，这些实物素材深刻引领了爱国情怀教育的价值精神。将地方名人的故事融入教育中，不仅极大地减少了学生与历史人物之间因时间与空间造成的隔阂，激发了学生的归属感和自尊心，同时也拉近了学生与这些杰出人物心理上的距离，培养了学生的认同感、亲近感和崇敬之心，有效提升了家国教育的效果。让学生亲身体验、感受历史，唤醒沉睡在学生内心的家国情感。

（2）激发学习兴趣，形式多样讲好家国故事

项目式学习为学生提供了一个深入探索特定领域的平台，满足了他们对个性化学习路径和知识探究的渴望。在这一过程中，学生对自己感兴趣的红色人物投入更多的热情和时间，从而深刻体验到学科的吸引力，并激发了他们的主动学习意愿。此外，项目式学习营造了一个开放的学习氛围，激励学生在学习过程中展现自己的个性和创造力。学生可以根据自己的项目内容，选择文字、图表、图片、演讲等多种表达方式来呈现他们对历史事件的理解和见解。

假期结束之后，收上来的作业形式多样，有视频、有手抄报以及项目式学习的相关表格等。学生录制的宣讲视频内容丰富，比如有学生结合新民主主义革命的时代背景，宣讲"苏兆征的遗书"这一文物。通过讲解，学生对中国共产党人的信仰、奋斗与牺牲有了更为直观的感受。学生在已有知识的基础上搜集相关人物的故事，带着感情宣讲红色人物故事，完成度令人惊叹！听老师讲家国情怀是一种感受，而自己亲自给别人讲，又是另一种感受，学生身临其"境"，会更加深刻地理解红色人物的大无畏精神，感受我们现在幸福生活的来之不易。

（二）案例2:《珠海历史社会调查报告——我们的家乡珠海》

1.活动介绍

历史教师不断优化历史素材，综合运用本土优秀历史文化资源、党史资源、地域特色历史文化资源，增强教育的针对性和有效性。在学习完中国现代史之后，历史科组布置了一项假期作业——《珠海历史社会调查报告：我们的家乡珠海》。学生通过实地考察、人物访谈等形式，访谈自己家里经历过珠海改革开放历史的爸爸、妈妈、爷爷、奶奶或是其他经历过这段时期的人。通过整合网络搜索、实地考察、人物访谈的资料，探寻改革开放以来珠海人民生活和社会各方面变化，最后制成访谈视频和调查报告。

2.活动成效

（1）在交流中增强家族归属感

通过开展家族访谈，学生们得以拿起笔和相机，与家中长辈进行深入的交流。学生们通过这些对话和资料研究，探索家族的丰富历史和复杂背景，积极寻找线索，讲述自己家族的独特故事。

在访谈过程中，学生逐渐认识到改革开放给自己的家庭所带来的深远影响，有的学生的父母就是在改革开放的浪潮下，由内地来到了珠海。通过父母及爷爷奶奶的讲述，学生对家庭产生强烈的归属感。

家族认同构成了学生日常生活中对家国情怀最直观的情感依附和价值体现。"家族寻根之旅"这一项目不仅加深了学生对自身家族历史的了解，也推动了良好家风的延续，激发了学生对本土文化的深厚情感。

（2）在浸润中深化国家认同

国家认同感是个人对家族和文化认同的进一步扩展。通过追溯家族的历史，学生们不仅深刻地回顾过去，探索自己的根源和身份，还在更广阔的社会背景中反思生活的价值。同时，他们意识到自己家族的成长与民族及国家的发展历程息息相关，这种认识激发了他们对国家和民族的深厚感情。

在改革开放的大潮中，珠海经济特区以其独特的地理优势和开放政策，吸引了全国各地的有志之士前来闯荡。庞同学的爸爸家乡在北方，他一直有一个梦想，那就是能够参与到国家重大的建设项目中，为国家的现代化贡献自己的力量。听说珠海经济特区在大力发展，急需各类人才，他毅然决然地辞去了稳定的工作，带着简单的行囊，踏上了南下的列车。庞同学的爸爸凭借自己的专业知识和勤奋努力，很快就在一家知名的建筑公司找到了工作。他参与了多个重要基础设施建设项目，见证了珠海的快速发展。

在《珠海历史社会调查报告——我们的家乡珠海》项目中，许多感人至深的故事被逐一发掘并讲述出来。在项目成果的汇报展示中，师生们聆听着这些源自生活的真实故事，常常被感动得泪眼朦胧。学生们深切感受到了一种强烈的使命感和责任感。这种情感的沉浸和体验，使学生的家国情怀更加深刻地融入了他们的内心，他们的国家认同感也因此得到了进一步的加强和升华。

（三）案例3：《中国现代史上珠海社会经济发展的数据大统计》手抄报

1.活动介绍

学生通过互联网、图书馆、博物馆等形式，搜集在中国现代史发展历程中，珠海这座城市社会经济发展的统计数据，比如珠海成为特区以来生产总值、财政收入、珠海外贸收入总额、进出口总额、企业数量变化、人口数量变化等统计数据，并且利用数学学过的统计学知识进行分析，最后绘制成有统计表内容的手抄报。

2.活动成效——全面落实家国情怀素养，实现协同育人的教育目标

跨学科主题学习的魅力在于帮助学生打破传统学科界限，实现知识的整合与交流。在《珠海社会经济发展的数据大统计》手抄报的跨学科学习中，学生不仅能深入了解改革开放，还能拓展到文学、数学、艺术等其他学科领域。这种学习方式让学生能够将历史知识与其他学科的核心概念相结合，构建一个更为宽广和深入的知识结构。这种多维度的学习模式，让历史学习变得生动而有趣，不再单一枯燥。它激发了学生的学习热情，帮助他们认识到不同学科之间的内在联系，感受到知识的深度和广度，实现协同育人的教育目标。

在这一过程中充分挖掘乡土资源，培育家国情怀。学生以此为基础发愤图强，将家庭建设与国家建设结合起来，投身于中华民族伟大复兴的事业

中。教师引导学生将个人的价值与国家发展和社会建设的价值联系起来，将爱家中之人转变为爱国家之民众，将小爱转变为大爱，获得更为宽广、光明的前途，这也能帮助学生强化责任和担当。学生所绘制的手抄报每个点都有爱家乡的印记，都有文字的诠释和升华，表达出学生对家乡、对祖国浓浓的爱。

四、总结与反思

（一）总结

通过上述实践探索，初中历史教学中的家国情怀教育形式多样，利用项目式学习、跨学科主题学习，并且充分挖掘乡土资源，不仅能够激发学生的学习兴趣，增强其历史使命感，还能真正落实家国情怀核心素养的培育。

家国情怀教育，如同历史长河中的一盏明灯，照亮学生的心灵，引导他们理解历史、感悟人生、热爱祖国、奉献社会。在未来的教学实践中，教师应不断创新教育方式，深化家国情怀的教育内涵，让每一位学生在成长道路上，找到自己与国家、民族命运紧密相连的坐标，成长为真正为国家所需要的人。

（二）反思

1.整合教材内外资源

初中历史学科中培育家国情怀的研究成果已经相当丰富，但主要集中在理论探讨和教材资源的开发利用上。目前，关于如何有效利用教材外的资源来进一步深化初中历史家国情怀培育的研究还不够充分。本文从家国情怀的角度出发，探讨如何通过跨学科主题学习活动、项目式学习等，促进理论与实践的结合、历史与现实的融合，并提高这些活动的实施效果。

2.协调好课堂教学与课外活动的关系

历史课是培养学生历史学科核心素养的主要渠道，必须通过高质量的教学来实现包括家国情怀在内的核心素养教育目标。虽然历史社会实践活动内容充实、形式多元，并且深受学生喜爱，但它们应被视为对课堂教学的有效补充。同时，我们应当意识到，历史课堂教学与社会实践活动是相互依存、相互促进的双向关系，它们可以相互增强，共同提升教育效果。

3.要平衡实践活动与评价体系之间的关系

没有有效的评价机制，历史社会实践活动不仅难以持续进行，也无法实现培养家国情怀等教育目标。需要对学生在学习和社会实践活动中的过程性表现进行评价，并建立一个能够激励学生持续成长的动态评价体系。这样的评价机制将使评价过程更加具体化，评价主体更加多样化，评价手段和方法更加丰富，最终能够全面而客观地反映学生在爱国情怀素养方面所取得的进步。

【参考文献】

[1]念继斌.素养为本培根铸魂——《义务教育历史课程标准（2022年版）》之理解[J].中学历史教学参考，2023，（17）：25-27.

[2]徐蓝.关于历史学科核心素养的几个问题[J]. 课程·教材·教法，2017，37（10）：25-34.

[3]陈洁平.高中历史课堂培育家国情怀的三重维度[J].江苏教育，2023，（20）：93-94.

[4]伍海秋.初中历史项目式学习应用与研究[J].中学历史教学参考，2024，（10）：49-51.

[5]教育部.义务教育英语课程标准（2022年版）[S].北京：北京师范大学出社，2022.

新时代初中生国家安全意识培育研究
——以九洲中学道德与法治学科家国情怀教育实践活动为例
（李乂京）

【摘　要】党的二十大报告指出国家安全是民族复兴的根基，中国青年生逢其时，是维护国家安全的生力军，因此，提升初中生国家安全意识和能力，以树立家国情怀为价值取向和行为规范，对维护我国国家安全、促进社会有序运行和发展具有深刻的现实意义。本文从培育初中生国家安全意识的时代意蕴入手，在坚持总体国家安全观的引领下，发挥思政课培根铸魂、启慧增智的独特作用，以学科视角分析培育初中生国家安全意识的实施策略，最后详细阐述了九洲中学道德与法治科组培育学生国家安全意识的实践路径，教导学生勇挑维护国家安全的大梁。

【关键词】国家安全；家国情怀；思想政治；法治意识；责任意识

一、新时代初中生培育国家安全意识的时代意蕴

（一）坚持总体国家安全观的内在要求

国家安全是一个主权国家生存发展的前提和保障，只有国家安全利益不

受到威胁和挑战，人民才能幸福安康，经济社会才能蓬勃发展，民族才能振兴。当前，世界处于大发展大变革时期，我国作为处于百年未有之大变局中的大国，需要应对严峻复杂、风云变幻的国际安全形势，维护国家安全就显得更加迫切和重要。

2024年是习近平总书记提出总体国家安全观十周年，面对国家安全的新形势新变化，初中阶段学生要培育国家安全意识，知道何为国家安全，了解危害国家安全的行为，如何维护国家安全等，这是全面贯彻落实总体国家安全观的必然要求，也是积极回应和践行新时代国家安全法律法规的必由之路。

（二）增强爱国主义情感的应有之义

国家安全与每个中国人息息相关，国泰民安是我们内心深处最美好的共同愿望。党的十九大报告指出要全面加强国家安全教育，把国家安全放到了前所未有的高度，党的二十大报告指出国家安全是民族复兴的根基，要坚决维护国家安全，这就需要中学生心怀爱国之情，坚持国家利益至上，自觉维护国家安全与社会稳定，树立家国情怀。

传统意义上的家国情怀是公民个人能处理好自己与家庭与国家的关系，能做到孝亲敬长、以国为家，将自身的前进方向与家庭美好、国家发展紧密相连。当下，中国特色社会主义进入了新时代，国际形势严峻复杂，世界格局进入动荡变革期，对家国情怀的内容提出了新的更高的要求。公民个人不仅要具备家庭社会责任感，还要增强家国情怀的主体意识，正确认识中国特色社会主义制度、道路、理论、文化，坚定四个自信，尤其要心怀感恩之心，具备强烈的国家认同感，在享受国家提供的安全环境和物质保障的基础上，珍惜生存与发展机会，增强法治意识，争做维护国家安全的智士和勇士。

（三）筑牢国家安全人民防线的有效举措

我国宪法规定每一个中国公民都具有维护国家安全的义务，在向第二个百年奋斗目标奋进的新征程上，青少年不仅是国家社会发展的主力军、生力军，也承担着维护国家安全和利益的光荣使命和神圣职责。

教师有义务教导学生做一名有理想信念、有责任担当的时代新人，学生也有责任认真学习国家安全的知识，培育国家安全意识，扛起维护国家安全的重任。从一定意义上讲，只有抓好国家安全宣传工作，充分发挥教育的引领作用，才能增强全民国家安全意识，筑牢国家安全的人民防线，汇聚起维护国家安全的强大力量，才能确保人民安居乐业、社会有序运行、国家繁荣兴旺。

二、新时代初中生培育国家安全意识的实施策略

（一）贯彻学生发展核心素养要求，与课程标准保持一致

新课程标准下对学生提出的核心素养要求是培育有政治认同、道德修养、法治观念、责任意识、健全人格的中学生，道德与法治是义务教育阶段的思想政治课，必须遵循党和国家对教育的基本要求，坚守国家和民族的基本价值观。

2024年4月15日是第九个全民国家安全教育日，维护国家安全是《中华人民共和国爱国主义教育法》的基本要求，是《新时代爱国主义教育实施纲要》和《大中小学国家安全教育指导纲要》的基本内容之一，也是新课程标准对学生核心素养的要求。其中，热爱祖国是思想前提，是全体大中小学生都应具备的价值观念，这是个人人格素养的体现，是所有中国人共同的价值信仰；不论是个人品德还是社会公德里，都涉及了国家安全的内容，这是个人的立身之本；法治观念是行为指引，要引导学生学法守法，正确认识自己与他人、与社会、与国家的关系，了解国家和社会发展大势，培养责任感和主人翁意识。

（二）挖掘教材中国家安全教育元素，发挥思政课教育主渠道

道德与法治课本里蕴含着丰富的思想政治教育元素，在初中统编版八年级上册《道德与法治》第四单元《维护国家利益》第八课《国家利益至上》和第九课《树立总体国家安全观》中，首先强调了国家好，大家才会好，坚持国家利益至上是每个中国公民应尽的基本义务，其次从认识和行为的角度说明国家安全与国家利益紧密相关，引导学生认识总体国家安全观和维护国家安全。

教材是文化传承和价值观培养的基础，是培育学生思想观念的一个重要途径，课堂是提升学生认知和能力的有效保障，是落实立德树人总任务的有力抓手，只有处理好课程、教材、课堂教学的关系，才有机会把新时代的思政课讲透讲活。

（三）构建校家社协同育人机制，统筹教育教学资源

新时代背景下，思想政治教育已经不局限于一门课程，从"思政课程"到"课程思政"，教什么？用什么教？怎么教？如何挖掘教材的育人价值？如何把学科教材的本质力量和实践活动等外在力量形成教育合力，产生强大的教育力量，是一个值得研究的问题。

培育初中生的国家安全意识可以通过"三全育人"的方式，即全员全过程全学科育人，有利于实现知识传授、价值观塑造和能力培养的有机统一。一方面创新育人方式，建立校家社协同育人机制，全面关注学生个性多样化的学习和发展需求，有利于解决学生生活中遇到的实际问题，增强育人的指导性和可操作性；另一方面，充分挖掘各学科和社会实践活动中的蕴含的思想政治教学资源，让学生在感悟和体验的过程中增强对国家安全内容的认识和理解，提高其思想道德水平和政治素养，最终提升自身的社会责任感和使命感。

三、新时代初中生培育国家安全意识的实践路径

在珠海市九洲中学特色教育教学理念引领下，道德与法治科组充分考虑学生的知识现状，围绕初中统编版《道德与法治》（八年级上册）第四单元《维护国家安全》的内容进行了专题教学，为了使教学理论与实践活动相结合，校科组协同联动家庭、社会开展了具有思政属性和时代特色的家国情怀教育系列实践活动。

（一）"培育法治意识，争做国安先锋"——国家安全创意家庭作业

作业的布置和落实有利于让学科教学形成闭环。为落实总体国家安全观，加强《中华人民共和国国家安全法》等相关法律的宣传与教育，关注学生法治意识的核心素养形成，九洲中学初一道法组以课程标准为依据，以爱国主义教育为核心，优化假期家庭作业设计，学生以家庭为单位，可以选择和家长一起制作版面精美、图文并茂的手抄报，也可以在家长的帮助和陪同下录制新闻播报和时政述评视频。旨在通过内容丰富、形式多样、充满趣味的创意作业，家校协作引导学生树立国家安全意识，主动关心国家大事。

（二）"同心筑梦卫家国，凝心聚力育新人"——国家安全校园知识竞赛

为进一步落实"双减"政策，丰富同学们的校园文化生活，增强国家安全意识，提升法治素养，培养新时代好少年，初一年级备课组于3月18日和22日举行了知识竞赛。初赛在各班教室举行，同学们通过限时抢答的形式激烈角逐，最终选出3名选手代表班级在年级赛场上　决胜负；决赛在西报告厅如期举行，包括书面必答题，抢答题和观众互动三个环节，题目的难度有所提高，更加考查选手对国家安全知识的了解程度。

（三）"国家安全，你我同行"——国家安全法治教育讲座

为增强师生国家安全意识，拱北边检站执勤一队、执勤十一队的警官们于4月11日走进我校，为九洲中学的师生带来了一场非常具有教育意义的讲座，揭示了危害国家安全的各种行为，包括但不限于间谍活动、破坏国家重要设施、泄露国家机密等。通过讲座中的案例，引导学生学会在日常生活中识别和防范这些行为，深刻理解国家安全的重要性。

（四）"体验国安号，守护南大门"——国家安全社会研学活动

为积极响应国家安全宣传教育工作，4月13日，道德与法治科组教师带领学生参加了珠海"国安号"港珠澳大桥游专线巴士启动暨总体国家安全观教育基地授牌仪式。"国安号"公交车内外布置了丰富的国家安全教育元素，设有国家安全举报电话和受理平台，摆放了国家安全系列法律法规，打造了反谍宣传资料，被称为行驶的国家安全宣传教育平台，让同学们沉浸式学习国家安全知识。

仪式结束后，师生代表乘坐"国安号"港珠澳大桥游专线巴士，开展了一次别开生面的爱国研学活动。途中，"国安号"专线巴士内播放国家安全宣传教育视频，讲解员生动地介绍了国家安全知识，港珠澳大桥的建设便涉及了科技安全及生态安全等国家安全的重要内容，让学生们在感受世纪工程的震撼、伶仃洋的壮阔的同时，深入学习感悟总体国家安全观。

四、结论与反思

（一）结论

我校道德与法治科组以培育初中生国家安全意识为主题，协同家庭、社会开展的家国情怀教育系列实践活动赢得了学生、家长、社会的一致好评。

一是坚持政治引领，立足学科素养，主题明确，充分凸显了道德与法治学科的政治性、思想性、时代性、综合性、实践性，有利于提升学生的政治素养和道德修养，为培养具有家国情怀的新时代中学生奠定了思想基础。二是活动形式丰富，学生参与度高，校家社协同育人，教育效果显著。创意作业、知识竞赛、研学实践的形式利用了本土特色的教育学习资源，调动了学生的积极性，增加了学习活动的趣味性，让学生能够深入地学习国家安全知识，拥有了更深的参与感和体验感，丰富了校园文化生活。

学生们纷纷发表感受，"原来国家安全并不是公职人员的事情，而是每个公民的责任，在网络生活中应发表正当言论，以免被一些不法分子利用"；"我详细了解到了反间谍法，更加深刻认识到间谍离我们的生活并不遥远"；"我认为实行垃圾分类，不乱扔垃圾，也是在为国家安全做贡献"；"今后我将对国家安全知识进行宣传，劝导周围的人积极维护国家安全"；带队老师提到："同学们不仅要培养爱国主义精神，也要提高安全和防范意识。"

（二）反思

第一，国家安全的内涵丰富广泛，不仅有政治安全、国土安全、文化安全，还有社会安全、经济安全、网络安全等，培育初中生国家安全意识的活动内容还可以更加具体，例如可就网络安全这一主题进行针对性的教育学习，引导学生合理使用网络，提高辨别能力，切实维护网络安全。

第二，在主题系列实践活动中，以生为本的教育理念没有得到有效贯彻，学生的主体性没有得到充分尊重和发挥，如果能从学生的视角，自己得出一套维护国家安全的行之有效的方法论，可能教学目标更容易达成，更能有效地指导实践。

第三，国家安全，人人有责。当前世界形势并不太平，国家安全环境也遭受着内外多种因素的影响，国家安全的宣传和教育工作箭在弦上、迫在眉睫，更应该保持常态化，以此来不断警醒初中生树立国家安全意识，增强危机防范意识，坚决同一切损害国家安全和利益的行为作斗争。

【参考文献】

[1]习近平.高举中国特色社会主义伟大旗帜为全面建设社会主义现代化国家而团结奋斗——在中国共产党第二十次全国代表大会上的报告[N].人民日报，2022-10-17.

[2]教育部.义务教育道德与法治课程标准（2022年版）[S].北京：北京师范大学出社，2022.

[3]习近平.《习近平谈治国理政》第四卷[M].北京：外文出版社，2022.

[4]陈海洲，张治升.大概念视域下初中道德与法治结构化复习路径——以"国家安全"专题复习为例[J].思想政治课教学，2024，（06）：80-82.

[5]高鹏.加强课程创生助力风险教育——以初中道德与法治课教学为例[J].中学政治教学参考，2021，（27）：35-37.

[6]张旸，张媛.家国情怀教育的现代意蕴及其实现[J].宁波大学学报（教育科学版），2021，43（5）：51-60.

[7]张露.加强初中《道德与法治》课国家安全教育的对策研究[D].重庆师范大学，2023.

[8]张玉莹.初中道德与法治课学生国家安全意识的培养研究[D].扬州大学，2022.

[9]朱洁.初中《道德与法治》课加强国家安全意识教育研究[D].扬州大学，2020.

[10]韩龙光.初中道德与法治课总体国家安全观教育研究[D].山东师范大学，2020.

[11]汤程林.《道德与法治》课程对初中生总体国家安全观的培育研究[D].湖南师范大学，2019.

[12]陈庆阳.《道德与法治》教学中家国情怀培育研究[D].扬州大学，2022.

[13]刘云飞.家国情怀的时代内涵与价值研究[D].陕西科技大学，2022.

第四篇

珠海市九洲中学
家国情怀教育主题班会案例

红色家书
——您的足迹、我的方向
（授课老师：李俞烨）

【活动背景】

《人民日报》曾刊登过一句话："回望历史，不只是采摘耀眼的花朵，更是去获取熔岩一般运行奔腾的地火。"中国近代史是中华民族的屈辱史，富饶的大国变成待宰的羔羊，壮美的建筑瞬间变成瓦砾；但这也是中华民族的抗争史，是无数仁人志士不顾自身安危，用鲜血和汗水、勇气和智慧写就的历史，他们将自己的一生都奉献给了国家和人民。党的十八大以来，习近平总书记曾在多个场合表达过对英雄烈士的崇敬之情，号召全社会崇尚英雄、捍卫英雄、学习英雄、关爱英雄。本次主题班会，将围绕这些英雄烈士们展开，从红色家书中领悟他们顽强拼搏、以身许国的感人事迹，引导学生做有家国情怀的新时代好少年，让红色基因、革命薪火代代相传！

【家国情怀教育目标】

从红色家书中，探寻革命先烈们的足迹，引导学生领悟沧桑巨变的历史，感知民族英雄的伟大革命精神，从而厚植家国情怀，汲取奋进力量，结合家庭教育落实立德树人的根本任务。通过班会，引导学生理解一代人有一代人的责任，一代人有一代人的担当，作为新时代的好少年，要树立正确的人生观和价值观，明确自己的目标，努力奋斗，真正将精神力量转化到实际行动上。

【学段特点】

初中学段正处于学生身心发生巨大改变的时期，特别是八年级的学生已经进入了青春期，经历了各种身体形态的变化，开始从幼稚转向成熟，自我意识明显增强，情感体验也愈加复杂，独立思考的能力也不断提升，并逐渐形成了自己的人生观和价值观。本次班会以红色家书为基点，讲红色故事，增强学生的历史责任感，激发强国有我的青春激情，以实际行动弘扬民族精神，使学生对待任何事情都保持一个积极向上的人生态度。

【班情分析】

学生虽然已经掌握中国近代史的相关知识，但只是对历史整体脉络的把握，而中国几十年的革命史中所涌现出的轰轰烈烈的革命英雄，学生们却知之甚少，课本上的几句话便概括了他们的一生。学生们对于革命者们舍生忘死的爱国主义精神，也不能深刻领悟，而在青少年的阶段，应当将爱国主义的种子深埋在每一个孩子的心里，故开展此次班会。

【知情意行四目标】

认知目标：通过选读经典家书，讲述家书背后的故事，让学生了解中国革命的百年历史，革命的历史亦是无数先烈们的奋斗史、奉献史和拼搏史。

情感目标：通过讲述红色家书的故事，培养学生的爱国情感和实现中华民族伟大复兴的使命感，引导学生初步树立家国意识。

意志目标：通过讲述革命先烈们的事迹，培养学生坚强的意志，用先辈们的爱国主义精神感染学生，引导学生砥砺前行。

行动目标：讲述林觉民、赵云霄、王尔琢、赵一曼等不同时期的红色故事，引导学生立德修身，从身边的小事做起，以实际的行动来传承民族精神。

【重点难点】

赓续红色基因，传承红色精神。

【活动准备】

教师方面：搜集各种红色家书；制作课件；整合音视频。

学生方面：收集资料，收集各类家书。

家长方面：邀请家长线上线下共同参与本次班会，并送上他们的寄语和祝福。

【活动方法】

讲授法、小组讨论法、任务驱动法

【活动过程】

环节1　导入

教师：何为家书？是"嵩云秦树久离居，双鲤迢迢一纸书"的思念，又或是"数程山路长侵夜，千里家书动隔秋"的珍贵，在那个战火纷飞的年代，这些革命党人又如何用一纸家书来表达自己对父母亲人的爱重之情呢？今天就请同学们跟随信使们的脚步一同开启那个尘封的年代吧！

设计意图：由古诗中的"家书"导入，感受"家书"的重要性。自古家书就很重要，是父母的惦念，是爱人的期盼，更是动乱年代的心安。

环节2　分享红色家书

教师：通过语文和历史课的学习，同学们已了解了许多的革命英雄人物，民族大义面前，他们是如何舍小家为大家，他们身上又蕴含着怎样令人敬仰的精神品质呢？给大家1分钟准备时间，然后我们找同学来分享！

学生A：方志敏，中国共产党党员，1928年创建赣东北苏区，领导组建中国工农红军第10军。1935年，因在皖南遭国民党围追堵截，不幸被捕，面对敌人的严刑逼问，他坚贞不屈，彰显了伟大的爱国主义情怀，同年在江西南昌英勇就义，年36年，而他3岁女儿自此就只能看着父亲的照片长大。

学生B：杨开慧，1922年加入中国共产党，1925年协助毛泽东创建了"中共湖南韶山特别支部"，是中国最早的农村党支部之一。1930年被捕入狱，几番酷刑，但她始终严守党的秘密，不向敌人透露半字，同年，在长沙就义，年仅29岁的她真正做到了"牺牲我小，成功我大"。

学生C：夏明翰，1921年经毛泽东介绍加入中国共产党，1928年被中共中央调到湖北省委工作。同年三月，在汉口转移时，因叛徒出卖而被军警逮捕，在阴暗潮湿的监狱里，他写下"坚持革命继吾志，誓将真理传人寰"的遗言，为了表达对妻子的思念，他在信纸上留下深深的吻痕。1928年3月20日，在汉口被杀害，时年28岁。

设计意图：通过查询资料，让学生体会战争年代革命人物的英勇事迹，激发学生的爱国情怀，构建整节班会的情感基调。

教师：刚才几位同学讲述了他们了解的革命先烈和红色故事。这些革命人士也曾是别人的妻子/丈夫、儿子/女儿、父亲/母亲，也在家庭生活中承担着无法代替的责任，只是民族生死存亡之际，他们无法与父母亲人长相厮守，但他们也同千千万万的普通人一样，拥有这时间最平凡和真挚的爱。老师今天也为同学们请来了四位信使，他们会带来怎样的故事呢？下面有请信使们！

第一位：展示林觉民的家书——写给妻子

　　"吾至爱汝，即此爱汝一念，使吾勇于就死也。吾自遇汝以来，常愿天下有情人都成眷属；然遍地腥云，满街狼犬，称心快意，几家能彀（gòu）？司马青衫，吾不能学太上之忘情也。语云：仁者"老吾老，以及人之老；幼吾幼，以及人之幼"。吾充吾爱汝之心，助天下人爱其所爱，所以敢先汝而死，不顾汝也。汝体吾此心，于啼泣之余，亦以天下人为念，当亦乐牺牲吾身与汝身之福利，为天下人谋永福也。汝其勿悲！"

第二位：展示赵云霄的家书——写给女儿

　　"小启明，你是个不幸的孩子，生来不知道生父是什么样，更不知生母是如何人！小启明，我很明白的告诉你，你的爸爸妈妈都是到俄国读过书的共产党员，所以才会被处以死刑。小启明，我不能抚育你长大，希望你长大时好好读书，而且要知道你的父母是怎么死的。小启明，盼望你好好长大成人，这样，才不会辜负父母的期望。可怜的小启明，我的宝贝！"

第三位：展示赵一曼的家书——写给儿子

　　"母亲对于你没有能尽到教育的责任，实在是遗憾的事情。母亲因为坚决地做了反满抗日的斗争，今天已经到了牺牲的前夕了。希望你：宁儿啊！赶快成人，来安慰你地下的母亲！在你长大成人之后，希望不要忘记你的母亲是为国而牺牲的！"

第四位：展示王尔琢的家书——写给父母

"儿何尝不思念着骨肉的团聚，儿何尝不眷恋着家庭的亲密，但烈士殷红的血迹燃起了儿的满腔怒火，乱葬岗上孤儿寡母的哭声斩断了儿的万缕归思。为了让千千万万的母亲和孩子能过上好日子，为了让白发苍茫的老人皆可享乐天年，儿已以身许国，革命不成功立誓不回家。"

教师：将四封家书的原文摘录到PPT上，并选择极具代表性的《与妻书》进行逐字逐句的解读，带领学生感受苦难中凝聚起的"牺牲百死而不辞"的民族精神。

设计意图：通过信使们声情并茂地朗诵四封家书原文，营造红色课堂氛围，使学生深切感受到革命先烈们坚定的爱国意志和无畏的英雄精神。

环节3　感悟红色精神

教师总结：作为新时代的你们读完这些家书有怎样的感受，在今后的学习和生活中如何向先烈们学习和靠拢呢？下面请同学们以小组为单位，用4分钟的时间根据以下几个问题展开讨论。

（1）这些革命英雄为什么可以做到不怕牺牲、舍生忘死？

（2）了解了以上几位革命英雄人物的事迹，你有什么感受？

（3）你从他们身上学到了什么，有什么启发？

（4）在今后的学习和生活中，你要如何立足当下热爱祖国？

学生A：革命先烈们之所以不怕牺牲，是因为他们心中有信仰，为了信仰他们甘愿付出自己的生命。他们坚信自己的牺牲和奋斗，一定会让更多的人不再流离失所，让我们的国家不再饱受战争的侵扰。

学生B：革命先烈的事迹深深地感染着我，是他们的负重前行，才让我们有了今天的美好生活，是他们的流血牺牲，才让我们在如此明亮的教室里读书学习。我们应该牢记革命先辈们的英勇事迹，让爱国主义传统发扬光大！

学生C：我从革命先烈们的身上学到了艰苦卓绝的奋斗精神，他们深知革命的道路并不是一帆风顺的，但是他们从未放弃，而是选择坚定不移地走下去。这告诉我们在面对困难的时候，不能一味地逃避，而要迎难而上，勇敢地向前冲，为自己的理想目标而努力奋斗！

学生D：首先我们要珍爱自己的生命，努力学习，立志成才；其次，积极参与升国旗、唱国歌等活动，增强自己的民族自豪感；最后，树立远大的理想，从生活中的小事做起，团结同学，关爱他人。

教师：一代代先进的中国人以身殉国，用"我以我血荐轩辕"的壮举，用"于无声处听惊雷"的气魄，孕育了以红船精神、长征精神、抗战精神为主的中国精神，请同学们通过一段视频感受这些中国精神的魅力所在吧！

设计意图：为了民族独立，为了人民幸福，千千万万的中国人付出了生命，他们的红色精神深深感染了每一位华夏儿女。视频资源能够直观地还原历史场景，增加本次德育班会的生动趣味性，同时对于现阶段的中学生也更具有精神上的冲击性。

教师："少年应有鸿鹄志，当骑骏马踏平川"，作为青少年的你们，在这个日新月异的时代又该如何传承红色精神呢？在此，老师在这里向同学们发出几点倡议。

在思想上，请同学们树立良好的品德，坚定信念，始终弘扬社会主义核心价值观，崇敬我们的红色文化。在学习上，请同学们向先烈们学习，遇到困难不要退缩，应当奋勇向前，直面挫折和挑战，你们的青春因为奋斗，才会更加精彩纷呈。在生活上，应当主动去了解红色文化，积极参与弘扬红色文化的各种活动，践行红色精神，从生活中的点滴小事做起。在校园中，请同学们团结友爱，互帮互助，多一点理解和尊重，少一点争执和矛盾，构建和谐友爱的班集体。

设计意图：借用视频对学生的直观感受，明确提出几点要求，培养学生的民族责任感，引导学生将红色精神真正内化于心，外化于行，鼓励学生成长为有责任、有担当的新时代好少年，让他们的青春在红色精神的指引下更有意义。

环节4 建设红色家风

教师：伟大的革命先烈们能心无旁骛地冲锋陷阵，往往离不开其背后家庭的默默支持。你们的茁壮成长，也离不开家庭的精心培养。听过了先烈们的家书故事，你有没有什么话想跟爸爸妈妈表达呢？请同学们今天回家给爸爸妈妈们写一封家书，并亲手交给他们。爸爸妈妈又对你们有着什么样的期望呢？我们就请XX妈妈念念她写给XX的家书吧！

家长：亲爱的儿子，你好呀！一转眼我的宝贝就长这么大了，从一个懵懂孩童变成今天的翩翩少年，谢谢你来到爸爸妈妈的身边，带给我们那么多欢声笑语。进入初二生活后，爸爸妈妈发现你不再像从前，一放学回来就叽叽喳喳地讲着学校里各种有趣的事情，而是回到家就把自己关到房间里，在意自己青春期的痘痘不好看，在意同学们会不会嘲笑你，甚至常常感到很自卑。但是爸爸妈妈希望你能明白，自信在一个人成长的过程中是非常重要的。无论是在学习、生活还是未来的工作中，自信都会让你更加地勇敢、坚定地面对各种挑战。就像那些革命先烈们一样，尽管前路崎岖，但仍然坚信会到达梦想的远方。最后，爸爸妈妈相信你一定能够成为一个自信、健康、快乐、有追求的人。无论何时何地，都要相信自己，勇敢地追求自己的梦想！爸爸妈妈会永远做你的港湾，加油！

教师：听了XX妈妈的信，同学们都感触良多。我们最伟大的精神领袖毛泽东也给我们留下了一封跨越时间和岁月的家书，请同学们全体起立，一起诵读《沁园春·长沙》！

独立寒秋，湘江北去，橘子洲头。

看万山红遍，层林尽染；

漫江碧透，百舸争流。

鹰击长空，鱼翔浅底，万类霜天竞自由。

怅寥廓，问苍茫大地，谁主沉浮？

携来百侣曾游，

忆往昔峥嵘岁月稠。

恰同学少年，风华正茂；

书生意气，挥斥方遒。

指点江山，激扬文字，粪土当年万户侯。

曾记否，到中流击水，浪遏飞舟？

设计意图：通过家长参与本次活动，将家国情怀与家庭教育相结合，拉近学生和家长之间的距离。通过讲述红色家书故事，树立良好的家教家风，从而使家校育人的成果达到最大化。

【活动延伸】

（1）每学期召开一次以"家国情怀"为核心的班会，并邀请家长参加。

（2）在班级里建立"心里话"信箱，学生可以把自己想做的事情，想实现的理想，对父母老师的意见和想法都写进信箱里，每半学期总结一次。

【活动反思】

本次班会课激发了学生的爱国情怀，夯实了学生的爱国主义思想根基，同时，也增强学生对中华文化的情感认同，激励学生成长为奋发向上的时代新人。但是，也存在一些不足，中国精神的视频播放后，教师应当多留出时间给学生思考，继而提出要求。

【参考文献】

[1]崔杨阳.纸短情长，赓续爱国情——高二年级爱国主义教育主题班会设计[J].江苏教育，2024，（24）：89-91.

[2]刘敏慧.无"人"不思家——"爱国主义教育"主题班会设计[J].新班主任，2024，（10）：35-37.

[3]张薇.家书纸短家国情长——五年级爱国主义教育主题班会设计[J].江苏教育，2023，（17）：82-85.

[4]邹勇.基于爱国教育开展主题班会活动的策略探讨[A]//廊坊市应用经济学会.对接京津——新的时代基础教育论文集[C].贵州省沿河土家族自治县第六中学，2022：3.

[5]刘姗姗.寻访"中国红"争做好少年——爱国主义教育主题班会设计[J].河北教育（德育版），2021，59（12）：36-37.

弘扬爱国精神　厚植家国情怀
——体验式班会活动教案
（授课教师：易永欣）

【活动背景】

习近平总书记指出："培养德智体美劳全面发展的社会主义建设者与接班人，要在坚定理想信念上下功夫，要在厚植爱国主义情怀上下功夫，要在加强品德修养上下功夫，引导学生培育和践行社会主义核心价值观。"2024年是五四运动105周年，爱国主义一直以来都是中国人民对于祖国最纯洁、最高尚的情感。青少年正值世界观、人生观、价值观形成的关键时期，更需精心培育，引导青少年扣好人生第一粒扣子。班会课是实施德育的重要课程，也是厚植家国情怀的主阵地。体验式班会活动有利于激发学生产生充分的情感体验，学生结合真实情景，真切地体会，主动地思考、理解，从而让爱国主义真正入脑入心，落实于具体的行动中。

【家国情怀教育目标】

爱国主义是民族精神的核心，也是激励一代又一代中华儿女努力拼搏、不懈奋斗的动力之源。为引导青少年坚定政治认同，树立国家信仰，奠定好爱国的人生底色，此次体验式班会活动主要目的如下：

1.深刻理解"爱国精神""家国情怀"的重要性

回看历史长河，我们经历过封建社会的繁盛与衰亡，到近代的屈辱与探索，再到新中国的崛起与复兴。一路走来，是漫长而又曲折的。到今天，我国无论在经济、政治、文化还是科技上始终居于世界前列，这离不开前人的不懈奋斗与努力拼搏，而这其中凝结得最为耀眼的品质就是"爱国"。爱国绝不是一纸空谈，而是矢志不渝以拳拳爱国之心投入到中华民族伟大复兴的爱国实践中。

2.明确青春的责任与担当

少年强则中国强，青年的模样就是中国的模样。从历史再到现实，我们能深切感知到国家与个人的关系密不可分，一代人有一代的人的担当，一代人有一代人的使命。作为初中生，我们应打下坚实的文化基础，关心国家时事，具备国际视野。同时勇于担当，关爱他人与社会，努力成为担当民族复兴大任的时代新人。

3.为实现强国复兴梦付诸行动

爱国主义始终围绕着民族富强、人民幸福的主题，不断推向纵深发展，强国必先自强，运动、阅读、思考是青年自强的关键途径。每一位同学都可以为自己设定目标，坚持锻炼、每周读一本好书、为城市发展积极建言献策等，都是为成长为新时代合格的建设者与接班人努力的生动实践。

【学段特点】

初中学段是世界观、人生观、价值观形成的重要时期。随着时代的进步，10后的孩子在生活条件上可谓是新中国成立后最具幸福感的一代。家长对孩子较为溺爱，使得部分孩子安于现状，对于学习上、生活上遇到的困难挫折存在畏难情绪，对于未来没有清晰规划，对于理想没有明确认知。网络技术的迅速发展，身处信息爆炸的时代，受到负面信息及错误价值观的冲击，尽管初中学段的学生已具备了一定的思维和判断能力，面对国家大事及时政热点，能够发表一些自己的观点。但由于缺乏社会经验和必要的知识储备，他们对国家和社会的认识往往存在一定的片面性。因此引导学生深入理解、领悟爱国精神的真谛，树立远大理想，明确自己的使命与责任，珍惜当下，以昂扬之姿，开创美好未来，具有重要的现实意义。

【班情分析】

八年级学生心智逐渐成熟，思维较为活跃。学生对于中国近现代史内容有一定的理解与掌握，对于国家大事较为关心，国家认同感强，同时正处于心理变化强烈的青春期，需要老师悉心引导。传统的爱国主义主题班会课往往采用"灌输式"的授课方式，学生无法真正入脑入心，育人成效有待进一步提升。学生往往会认为爱国主义、家国情怀过于飘渺，日常生活中难以落到实处。因此，教师应结合具体情境和生活实际，让学生有更真实丰富的情感体验，帮助学生更深层次理解国家命运与个人之间的紧密联系，激励学生将爱国情感践行到日常生活中，以自己的行动助力国家的发展。

【知情意行四目标】

遵循学生"知、情、意、行"的品质养成原则制订了以下活动目标。

认知目标：通过课前调研、观看视频、情景剧表演等活动，使学生了解百年历史变迁，意识到祖国的前途与每个人息息相关，认识到具有爱国精神、家国情怀的重要性。

情感目标：通过家庭采访分享、小组讨论等活动，让学生明白当下的幸福生活来之不易，增强学生的政治认同，提升爱党爱国之情。

意识目标：意识到青年一代的责任与使命，明确自己的责任与担当，将爱国精神化为自身不断奋进的强大内生动力。

行动目标：通过班级讨论，完成任务卡、《青春成长手册》，激励学生将爱国情融入到日常生活，学会规划人生，树立远大理想，增强担当精神和参与能力，自觉成为担当民族复兴大任的时代新人。

【重点难点】

本次体验式班会活动重点强调情感目标与行动目标。

【活动准备】

（1）学生准备：分组领取任务，实地考察珠海爱国人物故居、形成故事汇报，搜集改革开放后珠海发展史，开展家庭采访，排练情景剧。

（2）教师准备：图片视频资料收集、将学生分组、明确小组任务、邀请嘉宾、统筹班会流程等。

（3）环境准备：布置"爱国精神"主题黑板报。

（4）反馈机制：为提升主题班会活动效果，设计反馈表格，让学生在班会活动结束后填写，了解学生的真实感受与建议，为后续班会提供借鉴与参考。

【德育方法】

情境体验法、小组讨论法、合作探究法。

【活动过程】

活动前：准备庆祝中国共产主义青年团成立100周年宣传片《共青春》

主题曲视频、多媒体课件等，对学生进行分组，布置课前任务，明确任务。一、了解我的家族史，采访祖父母、父母一辈的生活状态；二、实地调研珠海爱国人物故居，形成故事汇报；三、查阅资料，进一步熟悉中国近现代史、珠海特区发展史；四、安排一名同学拍摄录制，最后上传至班级公众号，使课堂德育效果得以延伸。

　　设计意图：事先将学生分组，明确小组任务，以多样化的活动形式，充分调动学生的积极性。

　　活动中：

　　环节1　回望来时，明爱国主义真谛

　　导入：播放庆祝中国共产主义青年团成立100周年宣传片《共青春》主题曲视频。

　　师：2024年是中国共产主义青年团成立105周年，短短的4分钟视频，记录了先辈们的英勇与荣光。今天的班会课让我们回望来时、立足当下、展望未来，追寻榜样人物脚步，厚植家国情怀。

　　学生活动一：演绎情景剧——"五四"运动街头剪影

　　请一组同学再现"五四"运动街头一幕，思考何为"爱国主义"？何为"家国情怀"？

　　学生："还我青岛""取消二十一条""维护民族尊严""保卫祖国主权与领土完整"。

　　工人："不替仇人做工""不达惩办曹、章、陆目的，誓不开工"。

　　商人："学生一日不放，本店一日不开""不诛国贼，誓不开市"。

　　教师：五四运动孕育了五四精神，其中五四精神的核心是爱国主义。在五四运动中知识青年、工人大众等群体为维护国家主权勇于斗争，将国家利益放在个人利益之上是爱国主义的生动实践。

　　设计意图：通过情景剧再现，还原历史，激发学生的爱国情感，明晰爱国主义内涵与意义。

　　学生活动二：实地调研——讲述珠海爱国人物故事

　　1.第一站——苏兆征故居及其陈列馆

　　请事先调研苏兆征故居及其陈列馆的小组，展示调研成果，做故事汇报。

学生：苏兆征参与领导了香港海员大罢工和省港大罢工，在革命事业上任劳任怨，克己勤勉，两袖清风，不谋私利。在生命的最后一刻，仍心系革命，嘱托同仁同心努力，达到革命的胜利。

2.第二站——杨匏安陈列馆

请事先调研杨匏安陈列馆的小组，展示调研成果，做故事汇报。

学生：杨匏安是华南地区传播马克思主义第一人，为官时不贪一分一文，工资收入交给党作经费。受到不公正处分被撤职时，仍表"公忠不可忘"，被捕后宁死不低头，清廉家风传后世。

3.第三站——林伟民纪念广场

请事先调研林伟民纪念广场的小组，展示调研成果，做故事汇报。

学生：林伟民先后组织开展工人们进行了香港海员大罢工、上海海员大罢工、广州盐船运输工人罢工、省港大罢工，在反对帝国主义和外国资本主义侵略压迫的斗争中，不屈不挠，勇敢无畏。

设计意图：班会活动开展前，教师提前将学生分组，发放调研任务单。学生以小组为单位，带着问题及任务开展调研。让学生在真实的情境中，去体验去感受，通过实地调研，让学生感悟到当地爱国英雄的人物事迹，进一步体会到爱国主义的真谛。

环节2　放眼现实，悟青年责任担当

教师活动：播放、展示新中国成立后、改革开放时期及进入新时代后我国在各方面取得巨大成就的图像及数据资料。引导学生思考，并谈谈自身感受。

设计意图：让学生感悟我们国家日新月异的巨大变化，在自豪于祖国的日益强大的同时，增强了学生的政治认同感与民族自豪感。

学生活动：小组交流——"我的家族史"

将班会课前开展的家族史采访活动成果，在各小组组内进行交流分享。通过整理、交流对祖父母、父母一辈的访谈成果，了解到建设时期是怎样的艰辛不易，父辈们又是如何抓住改革开放的发展浪潮奋斗拼搏。

家长分享：家长谈——青春奋斗岁月

温同学的爸爸现场分享自己是如何抓住时代机遇，从遥远的东北地区来到珠海特区，并在这片土地上努力奋斗、挥洒青春。通过发挥自己的聪明才智，大胆探索，在推动珠海这座城市发展的同时，也让自己最终在珠海扎根。

设计意图：通过今昔对比，让学生感悟到当下的生活是多么的安定幸福，我们脚下所站的这片土地，离不开一代又一代前人的付出与努力。家长以自己的亲身经历娓娓道来，让学生饱含感恩的同时，意识到青春需要奋斗，明确青春的责任与担当。从身边人的故事出发，学生更能体会到青年应如何爱国，珍惜与感恩现在所拥有的，勇于担当责任与使命，激发学生的家国情怀。

教师活动：视频小结

播放改革开放后珠海经济特区40年变化，学生分享感受。珠海从改革开放前的一个以渔业和农业为主的边陲小渔村发展成为现在各方面都取得显著成就的现代都市，依靠的是一代又一代特区人的汗水与青春。作为新时代少年，应以怎样的姿态才能不负韶华？

设计意图：通过视频总结，从学生熟悉的生长环境着手，让学生更能直观感知到每个时代的青春都承载着时代独有的使命，个人与国家之间紧密联系，引发学生思考应如何将个人理想融入国家发展，如何为民族复兴、国家富强贡献力量。

环节3 着眼未来，立自强报国之志

学生活动：交流讨论，完成"畅想2050"的任务卡

展开想象，把自己理想中的未来描述出来。在2050年，我们的国家是怎样的，我在从事着什么样的职业，我可以为家乡的发展做出哪些贡献。为了实现这些目标，在日常生活中，我可以为国家做些什么。每一位同学将自己日常可以做的事情细化汇总，记录到班级的青春成长手册中。

教师小结：正如习近平总书记所说："无论过去、现在还是未来，中国青年始终是实现中华民族伟大复兴的先锋力量"，青春的模样就是中国的模样，让我们砥砺强国之志，在实际学习生活中实践报国之行！

设计意图：让学生意识到国家的前途与发展和我们每一个人息息相关，

任何人都不能做袖手旁观者。强健体魄、武装大脑是自强的方式，也是爱国的表现。引导学生将爱国之情与日常生活建立紧密联系，每个人都可以为祖国建设添砖加瓦。

【活动延伸】

（1）完成班会活动视频剪辑及图文资料整理，上传至班级公众号。

（2）完善任务卡后，纳入班级青春成长手册，记录如何在日常生活中实践，做好计划，互相监督并定期进行反馈总结。

（3）统计班会活动反馈情况，针对性调整后期开展爱国系列主题班会，以学生喜闻乐见的活动形式，不断强化、提升学生的爱国情，使学生将爱国情贯穿到日常生活中。

【活动反思】

本次班会活动立足学生学情，紧跟时事，从学生熟悉的环境、人物出发，活动形式多样，各个环节衔接连贯。从知情意行四目标来说，将"爱国精神"与青年担当使命紧密联系，以过去、现在、未来为线索：环节一，通过情景剧演绎、课前实地调研，感悟前人拳拳爱国情，理解爱国主义、家国情怀的真谛；环节二，今昔对比更能感知当下生活的来之不易，增强了学生的爱国爱党之情，明晰了新时代青少年的责任担当；环节三，引导青少年将个人理想融入祖国建设，将爱国之情转化成相应的爱国行为，并在日常生活中一以贯之。

从这一节班级德育课程来说，可以解决传统班会课说教式、满堂灌的问题，注重学生的活动体验，让学生乐于探究、便于践行。针对学生不懂在生活中如何爱国的困惑点，给学生提供思考角度，从自身出发，从小事做起，以"强己"推动"强国"，将个人与国家紧密相连。在后期的班会活动中，可以探索更多的活动形式，多进行跨学科交流融合，以提升班会活动的育人成效。

以体育为载体，传承"家文化"
——体育学科班会活动教案
（授课教师：冯莉莉）

【活动背景】

"家文化"是千百年来儒家思想文化的结晶，"家文化"的核心为家国情怀。国家主席习近平在2023年新年贺词中深刻指出："广大青年要厚植家国情怀、涵养进取品格，以奋斗姿态激扬青春，不负时代，不负华年。"青少年学生是中国特色社会主义事业的建设者和接班人，培养学生热爱祖国、家乡、社会、人民，可以帮助他们树立正确的远大理想，打好身体基础，养成良好的道德品质，成为对家庭、对家乡、对社会、对国家有用的人。初中体育教育不应只关注体育课程的教育，也可以在班会中渗透体育文化、以体育人的内容，落实立德树人根本任务。在班会课中，班主任可以将体育运动的内容作为切入点，渗透"家文化"，积极培养学生的家国情怀。

在新时代的背景下，国家情怀是青少年爱国主义教育的重要内容。体育作为一项重要的社会文化活动，不仅是增强体质、提高健康水平的重要途径，更是培养学生国家情怀的有效载体。本次班会以"国家情怀"为主题，旨在通过多元化的体育素材，激发学生的爱国热情，培养学生的集体主义精神，增强民族自豪感，同时也让学生认识到可以通过体育运动的方式促进亲子关系。

【知情意行四目标】

遵循学生"知、情、意、行"的品质养成原则制订以下活动目标。

认知目标：通过观看奥运精彩瞬间视频、运动员自身经历演讲视频，以及学生与家长周末一起进行体育运动的分享视频，引导学生从中认识到体育运动对自身、家庭、国家的重要性。

情感目标：通过情景剧中的情节，让学生明白平时可以通过体育运动的方式与家长沟通，从而形成良好的亲子关系。让学生意识到体育运动不仅是赛事、课程，也是调和亲子关系的方式。

意识目标：通过本节班会课，学生意识到体育运动对良好亲子关系的重要作用，尝试与家长一同参与一项运动，在运动期间增加话题，与对方分享趣事，提升亲子间的默契和信任感。

行动目标：每周固定时间进行亲子运动，促进亲子关系的同时，逐渐成为全民健身运动成员的一份子，将个人运动与国家体育相结合，为实现中华民族伟大复兴的中国梦而不懈努力。

【学段特点】

初中阶段是培养学生世界观、人生观、价值观的关键时期。此次开展家国情怀主题班会的过程中，应充分发挥体育在学生与家长中的联接作用，潜移默化地渗透家国情怀教育，使家国情怀成为学生体育学习及锻炼的力量源泉。

【班情分析】

初一学生对国家体育相关的赛事、政策了解较少，通过体育学科的开学第一课学习了近百年的体育赛事发展史，初步了解了体育发展进程。但是学生普遍认为与自身接触最多的仅仅是体育课，与国家体育相关事物的距离较远，因此本次班会需要让学生进一步探究体育运动在国家与自身间、自身与家长间的作用。

知情意行四目标：

【活动准备】

（1）学生准备：周末与家长一起参加体育运动并录制视频；排练情景剧；完成与家长一起挖掘和讨论家乡的体育事迹的作业。

（2）教师准备：学生家长运动视频整理、体育相关赛事视频搜集、联系家长体育故事的分享等。

【活动过程】

环节1　视频导入，呈现"大家"

（1）播放奥运会中国运动员比赛精彩瞬间。

（2）提问：同学们，观看这个视频后有何感想？

　　设计意图：学生发表自己的想法和感受，表达对国家体育事业的认同感和自豪感，激发学生的爱国热情，强调体育在国家发展中的重要性，鼓励学生积极参与体育锻炼，为国家体育事业贡献力量。

　　学生从视频中认识到：奥运冠军、世界杯冠军的故事和成就，激励着一代又一代人，他们坚韧不拔、永不言败的精神，不仅是对体育精神的诠释，更是对国家荣誉的坚守，体育已成为传递正能量、凝聚民族精神的重要途径。

　　让学生明白在人类文明的长河中，体育运动不仅是一种身体的锻炼，更是一种文化的传承，一种情感的纽带，一种国家情怀的培养。它跨越了种族、语言和国界的界限，成为连接个人与国家、民族与世界的重要桥梁。通过体育运动，我们不仅能够强身健体，更能在竞技与合作中，深刻体会到国家情怀的内涵与价值。

环节2　从"大家"回望"小家"

　　（1）回顾周末运动视频。

　　（2）学生分享运动中的趣事、与家长一起运动的感想。

　　设计意图：通过发表自己的想法和感受，学生明白体育运动在家庭中扮演着多面角色，不仅能促进身体健康，还能加深家庭成员之间的情感联系，培养积极的生活态度和价值观，为家庭生活增添乐趣和意义。

环节3　体育促进"小家"，联接"大家"

　　学生活动：演绎情景剧

　　以骑单车这项运动编制情景剧，为家长和孩子搭建沟通的桥梁，让家长和孩子知道在运动期间教育和沟通的效果会更佳，孩子会更乐意接收。在情景中还穿插着全民健身运动、每天运动1小时的标语。

　　结合情景剧提问：

　　（1）学生观看后有何感想？

　　（2）体育运动对自身、家庭、国家的作用？

　　（3）我们应如何把自身的体育运动和家庭、国家体育融合在一起？

　　设计意图：通过情景剧进一步感受体育运动的魅力及其重要性，学生认识到体育不仅仅是技能的培养，更是价值观的传递，还能成为与家长沟通的一种良好方式，与家长一起运动时已经潜移默化地成为全民健身运动成员，为国家体育贡献自身的力量。班会课中强调体育教育不仅提高了学生的身体素质，更在无形中塑造了他们对国家的深厚情感，为培养未来的国家栋梁奠定了坚实的基础。

学生与家长分享：体育故事

（1）学生分享与家长一起挖掘和讨论家乡体育事迹的收获；家长分享珠海体育事迹。

张同学家长分享中国体育界第一位世界冠军容国团运动事迹。

容国团的故乡是广东省珠海市南屏镇，第25届世界乒乓球锦标赛决赛，容国团以3：1的比分击败对手西多，为新中国第一次夺得了世界乒乓球锦标赛男子单打冠军，他也成为中国体育史上第一个世界冠军。时任国家体委训练局副局长的李富荣评价容国团："就是容国团的这一搏，至少提前十年圆了中国人民获取世界冠军之梦，把'东亚病夫'的帽子摘了下来。"面对当时的机遇与挑战，容国团发出了"人生能有几回搏，此时不搏更待何时"的呐喊，他拼尽全力，击败了号称"凶猛雄狮"的星野展弥。中国队以5比3战胜日本队，历史上第一次获得了世乒赛男子团体冠军。转换身份作为教练的他带队半年就获得了世界冠军，被评为不仅是一名天才球员，还是一个出类拔萃的教练。

容国团不仅在赛场上留下了浓墨重彩的一笔，更在人们的心中种下了不灭的火种。他爱国、创新、逐梦、不屈的精神成为中国体育界乃至全体中国人的精神财富，激励着后来者不断追求卓越。珠海文史专家何志毅在著作《冠军的尊严：容国团传》中评价容国团："他一生敢爱敢恨，为人正直，淡泊名利，发奋报国，这样的爱国青年，可歌可泣"。

斯人已去，但余馨永存。为纪念容国团，广东省设立"容国团"杯乒乓球赛，让一代又一代青少年沿着容国团的足迹，攀登世界高峰。在珠海市委、市政府等多方共同努力下，一批以容国团为主题的项目落地。1987年11月，容国团诞辰50周年之际，珠海市人民政府在珠海市体委大院内竖立"容国团铜像"，并邀请国家体委领导和容国团生前的队友、学生、好友等举行隆重的纪念活动。2000年春，中国第一位女子单打世界乒乓球冠军丘钟惠在珠海市创办"容国团乒乓球学校"。2009年4月5日，中国历届乒坛国手在珠海举行容国团获得中国第一个世界冠军50周年纪念活动，并在位于南屏的珠海容闳学校设"容国团纪念馆"。2020年9月，珠海香洲区容国团小学投入使用。学校打造乒乓球特色课程，丰富乒乓球文化内涵，让学生们在体育锻炼强身健体的同时，充分感受"国球"魅力。在校园里，容国团的铜像栩栩如生地再现了他的风采。2023年9月，珠海市容国团中学开学，这是珠海第一所以世界冠军命名的中学。校园内设置了一条9米宽、100米长的"冠军大道"，学校注重发扬"容国团精神"，把"人生能有几回搏"的信念传递给每一位老师、每一名学生。

张同学家长非常认同"一个社会，只有去崇敬英雄，宣扬英雄，才能出现英雄"，希望我们社会上有更多的人能够拥有容国团的精神，并在这种精神的指引下，变得更加美好。

（2）家长分享为什么从小培养孩子体育运动。

林同学家长是一名体育运动爱好者，平时会带孩子接触各类体育运动，并让孩子选择其中一项作为特长，家长谈到培养孩子体育运动的兴趣是其一，最关注的是一项体育运动所带给孩子的身体、心理、意志品质的锻炼，让孩子从训练中所遇到的问题和采取的解决方法正向迁移到生活、学习中，这将是一生的财富。

（3）班主任分享自己的"以体育人"成长道路历程。

设计意图：关心家乡体育事业的发展是培养学生家乡意识和责任意识的起点。以家乡体育发展事业激励学生，培养学生对家乡体育事业发展的兴趣，以关心家乡体育发展为切入点，培养学生的乡土情怀与责任意识。

帮助学生形成正确的体育训练和锻炼的观念和意识，让学生认识到体育锻炼的重要性，引导他们认同和践行"少年强则国强"的思想理念，鼓励学生以旺盛的精力和浓厚的兴趣参加体育锻炼，为将来更好地投身国家建设事业做好准备。

环节4　以体育为载体，传承"家文化"

学生填写《体育小测验》《体育小心愿》。

让学生了解父母喜欢哪项运动，思考愿意与家长一起参与哪些体育运动，写下体育运动计划与家长一起落实，从而为学生制造了解父母的契机，也通过体育运动的方式为每个家庭搭起沟通的桥梁、运动的桥梁、爱的桥梁。

设计意图：让学生意识到中国体育事业的发展与我们每一个人息息相

关，与家长一起运动不仅是身体锻炼的手段，更是为全民健身贡献自身力量，培养家国情怀、促进社会进步的重要途径。让学生明白可以以体育运动为载体，传承"家文化"，成为有理想、有道德、有文化、有纪律的青年，为国家的繁荣昌盛贡献力量。

【活动延伸】

（1）周末假期定下时间，家长与孩子一起运动，家长与孩子分享工作时的趣事，孩子与家长分享在校期间发生的趣事，一起探讨学习上的问题等，增加亲子沟通的频率，从而找到亲子沟通的密码，让孩子敢于表达，乐于与家长分享和沟通。

（2）设置班级"运动分享小屋"，让学生写下与家长一起体育运动的感想，并在班会课上随机分享；也可以写下体育运动小心愿，班主任联合家长共同完成。每学期制定体育相关的亲子活动。

（3）班级订购体育类报刊，让学生及时了解重要的国家体育资讯；让学生观看重要的体育赛事，了解中国各类各项体育运动的发展水平、竞争实力，关心和支持国家的体育发展事业，树立为国家体育争取荣誉的理想。让学生通过阅读体育类报刊，拓宽知识面；报刊中提供丰富的体育知识，包括各种体育项目的规则、历史、运动员故事等，有助于初中生拓宽知识领域；报刊中关于体育训练、健康饮食、运动损伤预防等方面的内容，可以帮助初中生树立正确的健康观念，增强体质意识；运动员的拼搏精神、成功故事和人生哲学，都可以成为初中生学习的榜样，激励他们追求卓越；定期阅读报刊，锻炼初中生的阅读能力，提高他们的阅读速度和理解能力，对语文学习也有积极影响；通过阅读不同观点的体育评论和分析，初中生可以学会分析问题，培养批判性思维和独立判断能力，报刊中的体育赛事报道和运动员故事可以激发初中生参与体育活动的热情，鼓励他们积极参与体育锻炼。对于有志于体育方向发展的初中生，体育类报刊可以提供专业的知识和技能指导，辅助他们的学习和训练。

【活动反思】

中学阶段是培养学生世界观、人生观、价值观的关键时期，对他们的思想进行正确引导和科学教育十分重要。体育不仅是青少年学生身心健康发展的需要，也关乎着民族未来和国家前途。教师应以体育运动为载体，进行德育教育的渗透，培养学生的家国情怀，传承"家文化"，引导学生坚持体育锻炼、掌握运动技能、提高意志品质，以多元化体育活动形式培养学生的家国情怀，领悟体育运动精神。

初中生是家庭的希望，是家乡的建设者，是祖国的未来。热爱祖国、建设祖国，首先从热爱家庭、热爱家乡开始。家国情怀的培养，可以以乡土情怀为切入进行培养。在班会或体育课堂中，教师可以挖掘当地的体育资源，帮助学生乡土情怀的形成，也可以通过体育电影或视频讲述优秀的体育英雄，有效激发学生的体育热情。体育影视作品寓教于乐，具有深刻的教育意义，能够丰富学生的学习生活，是进行爱国主义教育、家国情怀培养的实用资源。

体育运动为父母与孩子提供了一个自然沟通的平台。在运动中，孩子可以分享自己的感受、困难和快乐，而父母也能更好地了解孩子的想法和需求，亲子之间有更多的机会交流想法、感受和经历，促进彼此的了解。共同讨论运动技巧、策略，分享成功与失败的经验，增进相互的信任和理解。通过合作达成运动目标，让亲子双方感受到彼此的重要性和相互依存，为日后的互动提供更多话题和活动选择。共同的兴趣能够加深亲子之间的情感连接，使关系更加亲密。运动本身对身体有益，亲子一起运动能相互督促，养成良好的运动习惯，提升身体素质。同时，运动释放的内啡肽等神经递质能带来愉悦感和放松感，改善心理状态，减少亲子间的压力和冲突。体育运动可以成为教育孩子的好工具。在运动中，孩子可以学习到团队合作、公平竞争、遵守规则、坚持不懈等重要的生活技能和价值观，培养孩子的自信心、自律性、毅力和面对挑战的能力，父母作为榜样，也能在运动中展示自己的积极性格特点。在体育活动中，孩子会学习到遵守规则的重要性，这有助于他们在日常生活中形成良好的行为习惯。在亲子运动的同时，也参与了全民健身运动，达到"小家"促"大家"的良好效果。

通过本次班会课，教师深刻意识到体育运动以其独特的魅力，可以成为培养国家情怀的重要载体。它不仅能够强健体魄，更能够激发学生爱国热情，培养团队精神，传递公平竞争的价值观。学生理解在体育的舞台上，每个人都是国家的代表，每个人都是民族精神的传递者，通过体育，我们能够跨越时空的界限，与历史对话，与未来连接，共同构建一个更加和谐、团结、充满活力的国家。相信学生通过班会课内容的引导，自身逐渐地落实以体育运动为载体，联接家长，一起传承"家文化"。

赏山河之美　守疆土之固
——体验型班会活动教案
（授课教师：黄安琦）

【活动背景】

随着我国综合国力和国际地位的不断提升，10后成为中华人民共和国成立以来最具幸福感的一代。他们昂扬自信，对祖国与民族的未来充满希望。作为班主任兼语文教师，我要带领学生品味祖国大地上的美景风光，滋养家国情怀，由此生发出要尽自己所能守护这片山河的志向。

【学段特点】

（1）初一阶段孩子已有一定的资料收集整理和感悟能力，自主意识较强，通过引导孩子在实践中获得切身体验，可以使家国情怀的育人效果更加长远深刻。

（2）年龄和心智的局限性决定了初一学生整体来说生活经验尚不丰富，心智不够成熟，因此不宜采用过于深刻严肃的形式和内容进行教育，要从孩子们熟悉的事物切入。

【班情分析】

初一下学期，学生在语文课堂上学习了爱国诗篇《黄河颂》以及一系列的赞扬为祖国无私奉献的先辈的课文，爱国主义教育氛围十分浓厚，学生对于国家、民族与个人之间的关系有了新的认识。因此，可以借此契机，进一步带领学生从诗歌中汲取精神力量，滋养家国情怀。

【知情意行四目标】

遵循学生"知、情、意、行"的品质养成原则制订以下活动目标。

认知目标：通过收集整理我国从古至今关于描写祖国山河美景的诗篇及其背后的创作故事，挖掘诗人与祖国大地之间的深厚联系。

情感目标：通过收集资料、朗诵诗篇等形式，体会爱国诗人的家国情怀，激发学生的爱国热情，并立下要为守护山河奉献自己的志向。

意识目标：意识到保卫祖国并非少数人的能力与责任，并非遥不可及，人人都可以做到。并且明确通过哪些方法途径可以为祖国奉献自己的力量。

行动目标：通过分享自己曾经为保护祖国山河美景做过的事，以及将来的理想目标等环节，激励学生奋发图强，报效祖国。

【重点难点】

收集整理爱国诗篇及其背后的创作故事，体会前辈的爱国热情；通过制定《青青树苗苍天梦想》计划表，获得昂扬奋发的精神力量并付出实际行动，实现个人价值与社会价值的融合。

【活动准备】

（1）学生准备：分组收集整理赞颂祖国山河美景的爱国诗篇，联系自己的旅行经验，制作PPT。

（2）教师准备：邀请两名家长到班分享、图片拍摄、下载纪录短片（5分钟左右）、制作《青青树苗苍天梦想》表格。

【活动过程】

课前：将班级分成六个组，整理收集描写祖国风光诗篇或诗句，结合自己的旅行见闻谈谈感受，并制作PPT，每组派一位代表在课堂上分享成果。

设计意图：事先将学生分组，按小组进行任务布置，使活动有序高效，充分调动学生的积极性，提升参与感。

环节1　品读诗歌，感前人赤诚；分享见闻，抒心中热爱

（1）导入语：九曲黄河万里沙，浪淘风簸自天涯。黄河，中华民族的母亲河，自雪山之巅奔腾而下，穿越崇山峻岭，滋养了无数华夏儿女，也见证了中华文明的源远流长。那蜿蜒的河流，如同祖国的血脉，流淌着历史的沧桑与未来的希望。同学们，这学期我们学习了诗歌《黄河颂》，在诗人光未然的笔下，我们感受到了母亲河——黄河的壮美雄浑，感受到了诗人对黄河、对祖国的热爱和民族自豪感。在正式开始本堂班会课之前，让我们全班

一起配乐朗诵《黄河颂》，点燃我们心中的热情吧！

（2）全班配乐朗诵《黄河颂》。

（3）过渡语：山间明月是游子的思念，遥远边疆是将士的魂牵梦萦……在这片古老而又年轻的土地上，祖国的风光如诗如画，每一寸土地都蕴含着无尽的故事与辉煌。除了黄河，还有许许多多的美景也曾被艺术家们歌颂，他们把对祖国、对民族的热爱与自豪藏在作品间，值得我们细细品味。今天这节班会课，我们来感受一下这片滋养了伟大的中华民族的土地是多么的辽阔伟大吧！

（4）学生分成六个小组，每小组派两个代表上台展示喜欢的诗歌与自己的旅行见闻（要求：诗句与旅行地相匹配）。

第一组：西安——碑林路人《我的长安》

第二组：长白山——戴望舒《我用残损的手掌》

第三组：三峡——臧克家《您是》

第四组：敦煌——秋酿醇酒《大漠敦煌》

第五组：浙江嘉兴南湖——王瑞《红船，从南湖起航》

第六组：天安门广场——欧震《美丽中国》

（5）总结语：同学们刚刚分享了祖国各地的自然风光和人文景观，展现了中华大地的壮丽与多彩。老师从你们的分享中不仅听到了前辈们对于祖国大好河山的无限热爱，以及誓死守护这美丽风光的决心，还听到了你们对祖国风光的热爱和守护的期待，希望这份美丽与辉煌能够永远延续下去。

设计意图：通过结合个人的旅行见闻，可以使学生更加真切深刻地感受到诗人文字中蕴含的对祖国大地的热爱之情。同时，在收集、品味诗句的过程中，学生积累了写作素材，增强了体悟文字的能力，提升了语感，有效做到语文学科与思政教育相融合。

环节2 聆听妙音，叹惊涛骇浪；欣赏名画，览壮阔山河

家长分享

引入语：除了写诗，作曲和绘画也是人们表达心中强烈情感的重要方式。我国历来有许多以表现祖国山河为主题的艺术创作，它们如同璀璨的明珠，照亮了我们对祖国美丽风光的认知与想象。今天老师为大家请来了我们班级同学的两位家长，接下来他们将分别从歌曲和绘画的角度给我们讲述祖国山河美景的故事。

家长甲：介绍《黄河大合唱》组曲，并为学生带来一段现场演奏。

《黄河大合唱》是一部具有深远历史意义和艺术价值的大型合唱声乐套曲，由诗人光未然作词，音乐家冼星海作曲。1937年抗日战争全面爆发后，中国人民掀起了团结一致抗击日本侵略者的热潮。在这一背景下，光未然与冼星海共同创作了《黄河大合唱》。这部作品以黄河为背景，通过丰富的艺术手法，热情歌颂了中华民族源远流长的光荣历史和中国人民坚强不屈的斗争精神，痛诉了侵略者的残暴和人民遭受的深重灾难，广阔地展现了抗日战争的壮丽图景。《黄河大合唱》全曲由《序曲》及《黄河船夫曲》《黄河颂》《黄河之水天上来》《黄水谣》《河边对口曲》《黄河怨》《保卫黄河》《怒吼吧！黄河》八个乐章组成。每个乐章都有其独特的艺术魅力和深刻的思想内涵，共同构成了一部完整而宏大的音乐作品。

家长乙：介绍王希孟《千里江山图》，并准备了小礼品《千里江山图》冰箱贴。

《千里江山图》是北宋宫廷画家王希孟的作品，历时四个月完成，当时王希孟年仅18岁。《千里江山图》以宏大的构图展现了中华大地的壮丽山河，从雄伟的山川到静谧的江湖，从繁忙的市井到宁静的村落，每一处细节都透露出古代中国的繁荣与美好。画作以青绿色为主色调，体现了中国古代绘画独特的色彩审美观念。矿物质颜料的运用使得画面色彩鲜艳而持久，给人以强烈的视觉冲击力。王希孟用色量极少，却能通过巧妙的色彩搭配和过渡，展现出深远的意境和丰富的文化内涵。《千里江山图》不仅是一幅杰出的艺术作品，还成为中国历史和文化的一个重要符号。它代表着中国古代文化的辉煌成就和深厚底蕴，是中华民族文化自信的体现。

学生发表感受（可获赠《千里江山图》冰箱贴）

过渡语：刚刚两位家长为我们介绍了组曲《黄河大合唱》以及画作《千里江山图》，不仅展现了艺术家们的才华与创造力，更寄托了他们对祖国的深深热爱与敬仰之情。那么，同学们听完家长们的介绍，又有什么感受呢？请大家踊跃分享。

学生甲：在《黄河大合唱》中，母亲河黄河的风光被赋予了旋律与节奏，成为一曲动人心魄的交响乐。音符跳跃间，我仿佛也置身于那壮丽的自然景象之中，随着黄河的滔天巨浪而翻涌奔腾。《黄河大合唱》承载着中华民族对祖国的深情厚谊，激发了我内心深处的爱国情感。

学生乙：在欣赏《千里江山图》时，我关注到画中的渔村野市、水榭亭台、茅庵草舍等细节处的人文景观，这体现了人民生活的安宁与和谐，反映了王希孟对国泰民安的美好愿景。我联想到了日常生活中，这些小细节也是随处可见的。正是因为我们的祖国繁荣强大，人们安居乐业，所以才会处处充满悠闲的情趣。

总结语：谢谢家长们和同学们的分享。艺术作品中的祖国风光是我们了解与感受祖国之美的重要途径，这些作品不仅展现了艺术家们的才华与创造力，更寄托了他们对祖国的深深热爱与敬仰之情。我们在欣赏这些艺术作品的同时，也更加珍惜与爱护我们美丽的祖国。

设计意图：邀请家长进入课堂进行分享，增强家校互动。家长的年龄阅历比学生丰富，从长辈的角度对艺术作品进行欣赏，可以带给学生更开阔的视野，更深层次的感受。

环节3 责任在肩，树奋斗目标；行动在我，尽少年力量

学生分享保护祖国山河美景的经历或计划

导入语：山川壮丽，江河奔腾。在浩瀚的华夏大地上，每一寸山河都镌刻着历史的痕迹，流淌着民族的血液。守护这片广袤无垠的祖国山河，是一场穿越时空的温柔誓言，是心灵深处最悠扬的旋律。现在，老师想与同学们一起讨论一下，我们可以为守护祖国山河美景作出怎样的努力呢？可以谈谈你做过什么，也可以谈谈你将来打算做什么。

学生丙：我利用周末时间参加了垃圾分类志愿活动。我先去垃圾分类科普中心了解了垃圾分类的相关知识，然后在工作人员的带领下在社区的垃圾回收站进行实践。通过这个志愿活动，我了解到我们国家的垃圾分类管理正在不断完善，人们的环保意识也越来越强。人人都管理好自己产生的垃圾，我们的祖国环境就会越来越好。

学生丁：为了向更多人传达保护植被的观念，我曾在研学途中加入了当地的保护森林学生宣讲团。经过快速培训，我穿着志愿者马甲上岗了。我向前来参观原始森林的游客们介绍了森林的作用以及森林被破坏的危害，希望游客们不仅收获眼前的美景，还能了解更多关于保护珍稀自然资源的知识。

学生戊：之前看到巴黎圣母院起火，我感到非常痛心，人类的文明又损失了珍贵的一部分。从那时起，我就对保护我国的文物景点方面的工作产生了极大兴趣。长大后，我希望可以从事文物修复与保护方面的工作，让祖先们的智慧结晶在中华大地上熠熠生辉。在这里，我也想给大家推荐一部纪录片《我在故宫修文物》，我从中了解到了文物修复的苦与乐。

班主任点评与分享

显然，同学们在参与了这一节主题班会后都对保卫祖国的山河美景有了更为深刻的想法，也明白了保卫山河不是说说而已，必须要具体落实到行动上。老师在这里也想说说自己的想法。保卫山河美景，除了要从日常中的小事做起，比如垃圾分类、电池回收等，最重要的是国家要有强大的实力。只有国防科技走在世界前列，其他国家才不敢欺负我们，我们才能有一个安宁祥和的环境去做更多的事情。回想战争年代，多少自然风光和人文景观毁于炮火之下，人们为了活命也无暇顾及保护它们，只能扼腕叹息。因此，我们作为新时代的学生，就要更加努力奋发图强，将来在各行各业发挥自己的才能，推动祖国在各个领域的发展，增强国家硬实力。

（1）播放关于国防和科技的纪录短片，如《中国航空70年》（初一下学期语文教材中有许关于此方面的课文，如《邓稼先》《太空一日》等，可以播放相关内容的纪录片，促进语文学科教学与德育相融合）。

（2）总结语：国防是国家的钢铁长城，是守护山河安宁的坚强后盾。我们深知，没有强大的国防就没有和平的家园。守护祖国山河，是一场没有终点的旅行。让我们以一颗赤子之心，踏上这段旅程，用我们的智慧、勇气和汗水，为祖国的繁荣富强贡献自己的一份力量。愿山河无恙，人间皆安；愿中华民族伟大复兴的梦想早日实现！

设计意图：最后由欣赏山河美景升华到保护山河美景，由感悟指向行动，促使学生从本节家国情怀主题班会教育中获得指导今后行动的精神力量。

【活动延伸】

填写《青青树苗苍天梦想》行动计划表，制定关于守护山河的各项目标，并做好活动记录，期末进行班级评比。

青青树苗苍天梦想			
姓名：　　　班级：　　　学号：			
小目标	为了守护山河，日常生活中我可以付出什么行动？（比如：垃圾分类、环保宣传……）		本学期参与该活动的记录：
大目标	为了守护山河，将来我要成为哪方面的人才？（比如：军事、文物修复、外交、经济……）		为此我制定以下阶段性计划：

【活动反思】

（1）优点：从学生熟悉的课文入手，引导学生从自身生活经验出发去领略山河之美，再升华到守护祖国的高度，循序渐进。充分调动了学生的积极性，并加强了家校互动。

（2）不足：学生活动形式以汇报、分享为主，可以设计得更加多样化。

第五篇

澳门濠江中学
家国情怀教育案例

风物长宜放眼量
——在学校教学活动中加强中国历史文化和国情教育
（刘智丹）

一、充分认识中国历史文化和国情教育的重要性

习近平主席曾在澳门发表重要讲话，指出："要面向未来，加强青少年的教育培养。澳门青少年是澳门的希望，也是国家的希望，关系到澳门和祖国的未来，要实现爱国、爱澳光荣传统代代相传，保证"一国两制"事业后继有人，就要加强对青少年的教育培养。"了解中国国情，理解并热爱中华民族的优秀文化传统，形成对祖国历史与文化的认同感，坚定地树立对国家、民族的历史责任感和历史使命感，培养爱国主义情感，教育工作者责无旁贷。我们要着重培养学生的家国情怀，深入浅出地灌输国情知识，令他们明白国家、澳门今天取得的成就实在来之不易，提高辨别能力，分清是非，做到有人格，有抱负，有承担，从而培养一批批爱国家、传承澳门优秀传统的年轻人投身社会，这样，澳门的未来就有希望，也一定能够再创发展的高峰。

中国文化源远流长，丰富多彩，涵盖的内容包括思想、学术、哲学、教育、宗教、典章制度、文学艺术、语言文字、天文地理、农学医药、科学技术、出版印刷、图书博物、文化典籍、文物收藏以及衣食住行、价值观念、社会风尚、民间习俗等。这些宝贵的历史文化财富，在无形中洗涤着每个学习者的灵魂，净化着我们的精神家园。历来评价一个人的知识能力如何，实

际上就是看其历史文化底蕴的深厚和文化水平的高低。我们祖国的历史文化，布满岁月与年轮的风烟，遍洒炽烈的热血与热泪。

五千年的历史文化史卷，记载着举世闻名的发明与辉煌，记载着人民共和国的奋斗与腾飞，更记载着中华儿女为国家的生存、独立、富强、繁荣而呕心沥血、艰苦拼搏的壮歌。热爱祖国，一直是中华民族的精神支柱，民族之魂。这种对祖国的强烈热爱之情，是由于依赖着祖国的关怀，使用着自己祖国的语言，从而去继承民族的优秀传统，使个人命运和国家命运紧密地联系在一起。同时，会更自觉地、深情地去热爱祖国山河大地，热爱中国历史文化，热爱亿万勤劳、智慧的中国人民。

悠悠历史，铭刻于心。应该站在历史之镜前，审视自己的灵魂，用伟大的民族精神来匡正、规范我们的言行。要继承数千年形成的中华民族的优良传统，对中国近、现代历史，对那段中华民族灾难屈辱的历史，不能回避，更不能忘却。要正视历史，勿忘国耻，要有"国家兴亡，匹夫有责"的高度责任感。要提倡经常关注国内外时事大事，了解中国现代化建设的伟大进程，关注祖国在当今世界所处的地位变化，运用正确的理论，分辨是非，理解形势，增强爱国主义感情。

二、学校具体做法

（一）"读书节"活动

濠江中学每年都举办"读书节"，已进行了多届。每一届的举行，都有详尽的计划、细致的安排，充满了中国历史文化和国情元素。在读书节期间，老师带领、指导学生认真读书，积极参与各项读书活动，美化课室，共同创造学校读书的良好氛围；促进学生多读好书，积极改善读书方法，营造多角度、多层次、全方位的读书风貌，提高了学生语文、历史、地理、英文及科技的素养，促进了师生读好书、好读书、多读书，使"读书节"成为濠江校园传统教育内容之一。

阅读好书，也使同学们从中了解中外历史的源远流长，了解中华民族数千年的文明史，明白到更多的人生道理；阅读、记忆名言，对行为处事有着潜移默化的影响；阅读文学名著，能开阔视野，了解社会，提高素质；阅读科普类书籍，使人感受到人类的伟大，中华民族的勤劳智慧以及科教兴国的重要意义。

在"读书节"中，专门安排全校各班围绕五十个主题，制作《中国国情知识专题报告》：1）中国政治制度；2）中国政党；3）中国外交；4）中国国防；5）中国经济；6）；中国工业；7）中国农业；8）中国科技；9）中国教育；10）中国服装；11）中国饮食；12）中国建筑；13）中国交通；14）中国美术；15）中国音乐；16）中国体育；17）中国民族；18）中国法律；19）中国文学；20）中国旅游；21）中国名山；22）中国名河；23）中国名楼；24）中国名城；25）中国戏曲；26）中国舞蹈；27）中国书法；28）中国杂技；29）中国文具；30）中国货币；31）中国动物；32）中国植物；33）中国地理；34）中国历史；35）中国数学；36）中国物理；37）中国化学；38）中国医疗；39）中国摄影；40）中国电影；41）中国礼仪；42）中国文物；43）中国环保；44）中国海洋；45）中国方言；46）中国玩具；47）中国扇镜；48）中国邮票；49）中国商业；50）中国计算机。

要求各班学生：1）选定自己熟悉或感兴趣的主题；2）从网上收集资料；3）整理改编：放大字体——拟定题目——加上插图；4）A4纸彩色打印；5）精制封面、封底。学生们十分认真，制作了一批材料丰富、资料充足、观点正确、图文并茂、编排合理、颜色鲜艳的报告，以充实中国历史文化和国情教育的内容。

"澳广视"《澳门日报》《华侨报》《市民日报》《濠江日报》等新闻媒体，多次现场采访濠江中学的"读书节"和"中华文化日"活动，给予了高度的评价，其中一篇新闻写道——一个个布置精美的摊位，一条条引人深思的题目，一张张渴求知识的面孔，一本本充满智慧的书籍……，这是濠江中学正在举行的"中华文化日"的热闹场面。

濠江中学本届读书节的主题是"书香满校园，阅读遍濠江"。除了继续提倡英文网上阅读外，本届读书节还增添了新元素，有"中华文化耀濠江"网上阅读及练习、"课室班牌"比赛、"义工活动，助我成长"征文、举办"中华文化日"以及与珠新书店合作举办书展等。采用喜闻乐见的形式，让更多的学生喜欢书籍，潜心读书，从而提高综合文化素质，这是濠江中学连续几年举办"读书节"的宗旨。"读书节"加入了"中华文化耀濠江"网上阅读及练习，"课室门口班牌"比赛，《陋室铭》仿写和《朋友》歌词仿写，语文网上阅读、英语网上阅读、"我为环保献计策"的征文。尤其是"中华文化日"活动，发动所有科组，精心设计、精心命题、精心布置，由语文、公民、历史、地理、学生会及"文化耀濠江"课题组在校园内摆设游戏摊位，加上民族乐曲表演、书法表演和书展。

参与者有学校行政，家长会、校友会理监事，教师以及初一至高二共一千五百名学生，场面热闹，气氛热烈，大家都兴致勃勃，到各个摊位感受中华文化的博大精深，运用智慧去解答中国国情、文学、历史、地理等领域的题目。整个活动有声有色、精彩纷呈，文化内涵丰厚，文化元素突出，受到传媒、家长、师生的高度赞扬。上述丰富的内容营造出浓厚的校园读书氛围，许多师生盛赞活动形式生动活泼，内容富教育意义，是一次别开生面的中华文化知识的传授。通过参与活动，同学们明确了学习的意义，端正了学习的态度，培养了团结进取、共同进步的优良品德。

学校举行了隆重的"读书节"闭幕仪式，尤端阳校长致闭幕词。他说，在学校教导处的精心组织下，开展了一系列的活动，取得了丰硕的成果。他寄语全校师生，希望通过上述的活动，能够真正感受世界四大文明古国之一的中国，以和合为核心的博大精深的中华文化，在源远流长的历史中历经辉煌与苦难、成就与挫折。中华文化既是海内外中国各族人民的精神支柱和文化基础，也是历史、现代和未来人类共同的宝贵财富。我们应该让中华文化更加繁荣、更加蓬勃，为多元文化的世界作出新的贡献。通过今届的"读书节"，广大师生要进一步感受中华文化的丰富内涵，真正体会做中国人的一份荣耀，一份自信和一份自豪！可见，多年的"读书节"及"中华文化日"活动，对每个参与者都是深刻的历史、文化、国情知识普及教育，校园内洋溢着芬芳的文化气息，奔涌着浓浓的爱国之情，进一步提高了师生的思想素质、知识素质和文化素质。

（二）"爱国之旅"的组织与收获

　　爱国是一个学生起码的认识，也是中华民族的优良传统。为了加强学生的思想道德教育，让我们的同学饮水思源，热爱国家，增强对祖国的认识，我校精心组织、安排了学生回内地参观、访问、学习等一系列爱国活动。一方面与内地学校多交流，学习内地学生良好的学风，另一方面游览祖国大好河山，增加自豪感，还通过其他参访活动，加深对国家发展的认识，培养爱国情怀，让学生更加珍惜宝贵的青春年华，并为实现目标而坚持不懈地努力读书，以后报答国家、报答特区。通过一系列"爱国之旅"活动的开展，激发学生作为中国人的自豪感，强化学生的民族自豪感和自信心，深化学生将来报效祖国的雄心壮志，培养学生的爱国情操，增强学生的民族意识，唤醒学生的民族魂。

　　我校"爱国之旅"活动认真组织，精心安排，一般在四月中下旬开始组织学生报名，训导处对报名的学生进行面试筛选。每一个团选择三十多名品德好、有上进心、努力学习的学生会干事，以及表现突出的学生参与。

　　根据学生的能力将七至八人分为一组，选出负责同学。各组根据训导处和旅行社的指引，尽量收集行程资料，了解旅程，加深对此次"爱国之旅"的认识。组织全体成员座谈会，分工介绍和学习此次活动相关的历史文化、风土人情、地理环境，让全体学生有一个初步、感性的认识，做好出发前的准备工作，同时，锻炼学生的演讲能力，加强学生出发前的沟通。学校向每一个参与的学生提出"虚心学习，认真吸收；详细了解，全面掌握；举止文雅，文明有礼；严守纪律，行程依时"的要求。每个小组选出组长、学习委员、生活委员，文娱委员，摄影人员各一名，各司其职，做好本份工作。

　　我们要求每位同学回校后写一篇作文，参加校内征文比赛，让学生书写对本次活动所见所闻的心得体会，提高学生的写作能力。同时举办摄影比赛，让学生通过相机镜头，记录下探访地区的真情实景以及祖国大好河山的壮观美丽。

　　学生绘画展出板报，在学校的板报栏上展出获奖的文章及摄影比赛的优秀作品，让全校师生共同分享"爱国之旅"的精彩片段和切身感受，让更多同学欣赏祖国的大好河山，从而加强爱国主义教育。

九月上旬，我们会安排各团分别组织座谈会，分享活动的收获。九月下旬，安排一次在全校周会上的报告，汇报个人对国家发展、对灾区重建、对大好河山的看法和感想，提高爱国意识，增强爱国情怀，扩大影响，将教育效果扩展到全校每一位师生。

十月份，会与同校其他"文化之旅""学习之旅"一起出版八开小报，刊登各团的得奖文章、获奖照片，派发至全校师生，继续扩大"认识祖国，爱我中华——学习之旅"活动的影响。

通过多次活动，同学们对祖国有了更深刻的认识，在学习和生活中能做到爱国、爱澳、爱校、爱家，时刻以爱国的先辈们为榜样，铭记我国历史上的光荣与耻辱；同时，同学们也锻炼到组织能力、语言能力、写作能力，促进大家更深层次的交流，对提高综合素质大有裨益。

三、建议与设想

（一）坚定信念，矢志不渝

历史文化教育和国情教育的本质意义就是使学生知国、爱国、报国，即在认识祖国文化和我国国情的基础上树立正确的观念，培养热爱祖国的道德情感和报效祖国的坚定意志，其核心就是爱国主义教育。渗透基本国情教育，就是让学生了解我国的政治环境和稳定局势，培养他们对人民、国土、资源、文化、语言和优秀传统的热爱，使学生珍视本民族光荣历史和对人类所作的贡献，树立民族自尊心和自豪感，鄙视和摒弃崇洋媚外的心理。同样，中国人民培植的优秀文明传统，从古至今，一代代相传，我们要积极地从古代文明中汲取营养，同时借鉴世界上一切优秀的文化成果，不断前进，创造出更加光辉灿烂的当代社会文明，以崭新的面貌立于世界民族之林。

（二）选用合适教材

语文、历史、地理、数学、物理、化学、生物采用国内人教版教材，这些教材经过六十多年的严格编写，凝聚了数千专家的心血，紧跟教学改革的潮流，在思想性、知识性上都堪称一流，完全值得采用。尤其是历史课，不能只讲到"解放战争"和"新中国成立"，甚至只到"鸦片战争"前，而应延续到"改革开放"至今的变化，让学生全面认识社会主义道路的曲折性和改革开放的伟大，更加珍惜当今的形势，更加坚定贯彻"一国两制"方针的信心。公民课则以本澳的《品德与公民》为主，适当的年级（如高一）渗入《中国文化常识达标工程》教材。

（三）丰富教育形式

向学生进行历史文化和国情教育时，要采取丰富多彩的形式。课堂讲授多使用教学挂图、课件、录像等，还可组织参观、调查、访问、专题报告会等，真正把课内外的教育结合起来，从而达到向学生进行历史文化和国情教育的目的。周会、级会、班会，这些都是进行"中国传统文化知识""中国国情知识"传授的大好时机。当然，要求主讲者必须立场正确，观点鲜明，材料充足，有一定的演讲技巧，这样才能吸引学生，收到预期的教育效果。

（四）竞赛

多组织一些类似"中国传统文化知识竞赛""中国国情知识竞赛"的活动。步骤：先印发有关知识的详细普及资料，再进行各个年级的初赛，最后进行学校的决赛。通过普及型的竞赛，可让学生更充分地了解"中国传统文化知识""中国历史知识"和"中国国情知识"，增长才干，提高素质。同时，也可选拔人才参加本地的"国情知识比赛"。

践行爱国教育活动，陶冶学生家国情怀
（王玉兰）

　　濠江中学是澳门最早升起五星红旗的地方。杜岚老校长的爱国主义精神在濠江中学一直传承。学校70年如一日，坚持每周一及重大节庆活动举行升旗仪式，奏唱国歌，向国旗行注目礼。多年来，学校都有专门的学生升旗队，有老师专门负责。升旗队一代代成长，传承着学校的爱国主义优良传统。这是一支训练有素的队伍，曾经在特区"五四"纪念活动日或其他活动中担任升旗任务。

　　特区政府成立以来，多届升旗队的队员受训于驻澳部队，有的骨干更有幸参访天安门国旗班，接受国旗班的培训，亲眼目睹五星红旗在天安门广场冉冉升起，亲身体验那种庄严的气氛。学校的升旗队还定期开展"我骄傲，我自豪，我是濠江的升旗队员"分享会，每周都有定期训练。他们雄赳赳，气昂昂地从师生面前走向升旗台，这支豪迈的队伍向同学们传播着爱国主义的正能量，传递着一代代濠江人的精神风貌。国旗、国歌教育是爱国主义教育的重要组成部分，学校以升国旗仪式为契机，加强对学生进行爱国、爱澳教育。

　　教导处在品德修身课组织国旗、国歌专题讲座，让学生了解国旗设计、国歌创作的历史背景，利用班会课进行讨论，采用知识问答形式，让学生畅谈对国旗、国歌的认识，举办"国旗下的讲话"；开展"齐唱国歌评比"等活动，从而达到对学生进行爱国教育的目的。

　　发掘各种重要节日、纪念日以及重要的活动，将其蕴藏的宝贵故事作为爱国主义教育的资源。通过举行全校的纪念活动（庆祝会、歌舞表演、专题讲座等）、或利用周会、历史课、公民课以及班会课等对学生进行爱国主义教育。如9月3日，中国人民抗日战争胜利日；9月18日，九一八事变纪念日；9月30日，烈士纪念日；12月13日，南京同胞死难者国家公祭日等。又如端午节，缅怀爱国英雄屈原；七一，党的生日，宣传"没有共产党就没有新中国"以及中国共产党带领中国人民从站起来、富起来到强起来的奋斗史；10月1日国庆节，讲述新中国是怎样经过千千万万革命英烈流血牺牲才成立的；组织学生观看国家和澳门的大型纪念活动：国庆观礼、阅兵仪式、澳门回归纪念日等。所有这些，让学生们自觉地将自己的命运同祖国的命运紧密地联系在一起；懂得澳门的发展离不开祖国这一坚强后盾的道理。

积极参与各种爱国教育和德育实践活动。如初一级"小飞鹰爱国爱澳教育营"、初二级"国防教育营"、初三级"慈青训练营"、高三级"爱国毕业旅行"以及"认识祖国，爱我中华"的内地参访团，"千人计划"内地交流团等。在这些活动中，利用爱国主义教育基地、各种场馆、革命圣地、公共机构、自然景观及人文景观等对学生进行爱国主义教育、中华优秀传统文化教育、革命传统教育，让学生亲身感受祖国的飞速发展，亲身体验作为一个中国人的幸福感和自豪感。举办和参加这些活动，也是培养学生思想品德、意志质量的有效途径。

濠江中学是澳门公民科首推社会实践的学校之一。10%公民科成绩来源于做家务；20%来源于做义工，到各机构进行义工服务教育，如：妇联乐融家庭服务中心、扶康会、街总海傍老人中心、母亲会护理安老院、澳门仁慈堂盲人重建中心、澳门聋人协会聋人服务中心等。以此培养学生学会关心他人，关心家庭，尊老爱幼，为家庭担负起应有的责任；培养服务精神、奉献精神；学会关心社会，即关心社会的人与事，这样才能学会关心国家，关心国家大事、国家发展、国家前途等；才能学会关心整个人类的生存发展。

学生会和驻校社工通过学办"班长领袖培训班"，培养学生干部，促进学生自主管理，提高学生的综合素养。学生会结合各学科课程教学内容及办学特色，充分利用课余时间组织学生开展丰富多彩的社团活动。激励学生积极参与校内外举办的爱国主义教育活动和比赛，如教青局与国情教育协会举办的"国情知识竞赛"、中国外交部驻澳门公署举办的"外交知识竞赛"、法务局举办的"基本法常识问答比赛"等；通过参与一系列有关的比赛活动，增强学生对国家、对澳门的认识，使同学们对祖国更有认同感和归属感。

学祖国历史，树立正确的历史观。组织学生学习五千年灿烂的华夏文明、古代的四大发明，参观故宫、长城等人文景观，观看《建国大业》《百年沧桑》等爱国影片，让学生在学习历史中回顾过去、总结历史规律，学会通过历史分析现在的国际形势和展望未来。结合世界各地的战乱状况，使学生们真正懂得祖国的生存和发展是个人生存和发展的基础，真正理解"国破则家亡，国兴则家昌"的道理。学校举办"读历史，长智慧"的阅读报告比赛，鼓励学生参加各种征文比赛，引导学生重温中国近代史，帮助学生充分认识我国的国情。让学生知道我们的祖国有着辽阔的土地、丰富的资源、悠久的历史，感受中华民族的崛起与强大，增强民族自豪感和凝聚力。

学校的每周品德修身课（周会），创设了爱国教育的良好平台。在这里，学生们走上舞台做时事宣讲，"关注新闻知时事，心系天下濠江情"；进行"国旗下的讲话"，抒发濠江儿女对祖国的热爱及对现有幸福生活的珍惜；时事宣讲，让学生们时刻关注社会动态，了解国家大事，培养学生的社会责任感，激发学生的民族自豪感。在这里，同学们可以领略奥运健儿为国争光的拼搏精神，可以感受在南海边疆，在极地冰川，一次次奏响的不仅仅是国歌，一次次冉冉升起的不仅仅是鲜艳的五星红旗，更是高昂的民族精神；可以观看神舟号载人飞船成功发射的全过程，与全国人民一起感受激动人心的时刻，共同感受伟大祖国在航天事业发展上取得的举世瞩目的成就，更加激发学生爱祖国、崇尚科学和树立宏伟的理想信念。如今，"北斗""神舟"等中国"星"已经在星辰大海中晶晶闪亮，中国已由航天大国迈向航天强国。多少年来，中国人民都为祖国的强盛奋斗不息并取得许许多多的荣耀，那是因为他们都有一个共同的心声：我爱我的祖国。我们的爱来自于伟大的祖国，"星星亮晶晶"的背后是付出与奉献。少年强则中国强，我们把对祖国的爱转化为行动，祖国定会更加繁荣富强。

陶冶学生的家国情怀，学校开展德育主题月活动，使学生在学校的每一天都过得有意义。学校每个月都有特定的教育主题和活动。如九月份的"以礼待人，步向文明"礼貌月，十月份的"胸怀祖国，放眼世界"爱国月，十一月份的"开卷有益，书中品味"读书分享月，十二月份的"建设澳门，美好家园"爱澳月，一月份的"迎接考试，争取佳绩"学习月，二月份的

"大众同乐，共度新年"和谐月，三月份的"惜缘懂爱，学会感恩"感恩月，四月份的"真诚相待，和谐共赢"诚信月，五月份的"提高修养，各展所长"科技艺术月，六月份的"缅怀历史，热爱母校"爱校月，七月份的"联系校友，巩固友谊"校友月，每个月都有特定的意义。又如，学校每年3月感恩月举行"感恩节"活动，举办形式多样的主题班会、分享会等，增强学生的感恩情怀。学生通过义卖，筹款给需要帮助的人。

这些发生在学生身边的公益活动，对学生的影响是深远的，学校每年都很重视这项活动，通过活动让学生亲身感受身边到处都有爱和感受这份爱的传递。澳门遭遇"天鸽"台风，中国人民面对水灾、地震和新冠病毒"袭击"等大灾大难面前迎难而上，全党全军全国各族人民凭借着坚强的意志、勇气、力量，众志成城取得重大胜利，谱写了一首首感天动地的英雄凯歌。学校通过这一系列感人的事迹，向学生传递爱心，培养学生的使命感，让它们深深地印在每个学生的心上；让这种团结一致和充满爱心的中华民族精神一代一代传承下去。

总之，在这个科技创新的时代，既要培养学生有明辨是非的头脑，又要能积极地面对当今变幻莫测的社会现象，分清方向，为构建和谐社会尽一份责任。我们不仅全面利用校园文化，弘扬中华优秀传统文化；还通过各类校内外活动，综合多种教育方法，全方位培养人才，塑造守时、读书、规矩、礼让、敬贤、理性、宽容、仁爱、担当、作为的质量，帮助同学们树立正确的世界观和人生观。培育学生既要提高自身的价值观，又要规划和树立正确的人生方向；全方位培育学生立足澳门，把国家利益与人类共同利益结合起来；把实现中华民族伟大复兴的中国梦与构建人类命运共同体的世界梦同构起来，争做有温度、有作为、有责任和有担当的国家、社会需要的新型人才。

爱国爱澳爱校的传承
（王国辉）

为贯彻落实校长室提出的"发展学生核心素养"的育人模式，创造适合学生发展的教育方针，多年来，学生会继续以"培养具有较高思想水平以及自主管理能力较强的学生干部"为工作目标，把"爱国、爱澳、爱校"的精神渗透到学生会的一切工作和活动中。在校长室和训导处的带领下，学生会顺利地完成了各项工作，积极地参与了各项社会活动和比赛，丰富了同学们的课余生活，发扬了濠江中学校誉。

一、加强三爱教育，提高学生思想素质

（一）"走进社区，领袖培训，提升素质，培养自主管理能力"系列活动

在校长室、训导处的指导下，学生会及社工室合办"班长及领袖培训班""生涯规划"课程，培育领袖人才。参与培训的班长及领袖在总结会上都表示对他们的帮助很大。透过课程培训和参与义工活动，他们不仅学会了管理上的知识、技巧和如何规划未来，更明确了应有的责任和使命，达至活学活用，认真有效及有序地协助班主任做好各项工作，展现出他们作为一名班领袖的责任心和无私奉献的精神。

（二）"了解国情，遵纪守法，热爱澳门，提升自我"系列活动

为了让同学们更多地了解祖国和澳门各方面的发展情况，加强学生对澳门文创发展的了解，培养同学们对学习的兴趣，明确学习的目标及建立正确的学习态度，学生会曾举办"中国外交国情知识推广赛及研习班""参观澳门基本法纪念馆""宪法与基本法知识竞赛"及"认识基本法四格漫画设计比赛"等活动，从而进一步提升了学生的爱国爱澳品德并培养了创意能力。透过活动，同学们表示不仅认识了祖国的政制及澳门的法律，还增强了民族归属感，更明白了国家对澳门发展支援的重要性，进一步体会到"一国两制"的成功实践。

（三）唱响青春赞歌，爱我中华，承传薪火

学生会每年都举办"认识祖国、爱我中华"系列活动，组织同学们到祖国的大江南北，参观红色历史教育基地，学习革命先辈无私奉献和抛头颅、洒热血的爱国情怀；深入山区，探访义教，培养同学们的爱心；参观粤港澳大湾区科创机构，了解我国构建世界级城市群发展情况。透过参与上述活动，同学们不仅明白到澳门之繁荣离不开伟大祖国的关怀，更学会了感恩祖国，感恩澳门特区政府给予机会去拓阔视野，进一步体会到幸福非必然，珍惜现在所拥有的一切，认真学习，力求上进。同时借这些机会，让同学们体验到祖国的强大，民生不断地得到改善，社会欣欣向荣，从而增加同学们的民族自豪感。

二、积极参与社会事务，关爱濠江这个家

学生会经常组织干事们协助或参与政府机构、社会团体组织的各类比赛和活动。通过参与社会事务，加深学生会干事对本澳的了解，从而培养优秀干事。多年来，学生会多次组织同学们参与对外的比赛和参观活动，如"珍

惜生命，拒绝毒品""探访弱势社群院舍""VIVA拉丁巡游""澳门青少年外交国情知识竞赛""汇业杯中学生常识问答比赛"等活动。

（一）澳门青少年外交知识竞赛

每年，中国外交部驻澳门公署和特区政府都会主办"澳门青少年外交知识竞赛""澳门青少年国情知识竞赛"。目的是提升学生们对外交知识的认识，让他们了解国家及国家对外工作情况，从而增强民族自豪感和归属感。学生会为了配合这些比赛，在校内举行"国情及外交知识初赛"、举办"班长及领袖培训班""外交礼仪培训"，从中挑选出成绩优秀的同学参与比赛。在辅导老师的指导下，他们艰苦训练，经过激烈的比赛，取得佳绩，为校争光。

（二）"珍惜生命，拒绝毒品"摊位设计和游戏活动

透过摊位设计及实施活动，缅怀林则徐这位民族英雄的伟大事迹，以推行德育和爱国主义教育，弘扬爱国精神。同时，同学们在筹备的过程中，了解到毒品对青少年的危害，进一步加强青年人拒绝药物的意识和宣传禁毒信息。

（三）VIVA拉丁巡游

同学们均表示非常荣幸可以参与由文化局主办的VIVA拉丁巡游活动。活动过程虽然辛苦，但同学们获益良多。他们不但认识了各个表演团体队伍的文化差异和特色，更了解到澳门历史城区的特点，进一步明白澳门就是一个文化共融的城市，加深民族自信感，达至热爱澳门，热爱国家。

（四）天灾无情，濠江有情

2017年"天鸽"台风袭澳后，学生会在校长室的领导下，迅速动员我校

师生、校友参与社团组织的义工队，一起到街上清路障，上门为独居老人清理垃圾，为停水停电的住户送水送饭。谁说这代学生是"不靠谱的一代"？在澳门这个家有需要的时候，濠江人会挺身而出。

三、结语

过去，学生会致力于贯彻校长室提出的"发展学生核心素养"育人方针，紧密配合训导处各项任务，积极完成学生会各项中心工作，取得了一定的工作成绩。今后，学生会会紧跟时代的步伐，继续提供机会，发挥学生的智慧和创意，提高个人能力素养；继续提供平台，让同学们热爱祖国，多了解粤港澳大湾区的发展情况，拓宽视野，增进同学们对祖国对澳门对学校的归属感。

建设知行合一育人文化，培育新时代良好小公民
（蔡景敏）

何谓公民教育，余振教授认为是"为了延续本国（或民族）独有的文化传统和社会价值观，保证政治和社会的长期稳定，每一个国家或地区都很注重公民教育，内容包括本国的历史、地理、伦理文化、宗教、政治思想和道德价值等。公民教育的目的是提高国民整体的文化和政治素质，增强国民对国家的归属感"。本校是一所具有90年历史的爱国主义传统学校，以"忠诚、勤奋、求实、创新"为校训，致力于培养学生的公民素养，核心使命是坚持爱国主义教育理念，帮助学生养成现代公民意识，塑造现代公民人格，为适应现代社会奠定坚实的基础。濠江中学附属小学品德与公民课的特点，是把爱国主义教育贯穿于小学的各个阶段，希望引导学生通过知行合一的品德与公民课程认识自己、家庭、学校、社会、国家与世界，进而了解身边周遭一切的关系，建立正向的价值观、思维与能力，使其成为新时代良好小公民。

一、结合校情开展新时代良好小公民教育实践活动

为了让现代小公民教育实践活动呈现丰富的品德与公民内涵，小学部从顶层设计的视角，将原先学科的分科活动和各项竞赛活动，构建为全方位育人奖励体系活动，将"忠诚、勤奋、求实、创新"的校训和爱国主义教育理念，渗透融合于"做个濠小快乐人"等全方位育人奖励体系活动设计之中。

在设计与实施理念上，我们突出四个"全"，即全学科育人、全项目设计、全方位推进、全过程体验。为了确保实践活动的成效，我们在活动的评价上也进行了系统思考，创造性地为每位学生设计了富有个性的评价手册：《做个濠小快乐人》德育手册和《品德与公民》社会实践手册，内容主要包括课程经历、实践活动、公民素养、行规礼仪和义工服务等五大板块。

从概念和内涵上看，爱国主义教育理念与现代小公民教育实践活动在教育理念和人才培养的目标、价值追求上有着高度的契合。近五年来，濠江中学附属小学在传承中创新，不断为"做个濠小快乐人"和"品德与公民社会实践活动"——新时代良好小公民教育实践活动的路径注入新的活力，逐步探索形成了"刚柔相济，建设有滋有味的课程；动静相宜，创造有情有趣的课堂；内外相融，开展有声有色的活动"的发展态势。小学部着力打造配套的课程体系、学生实践活动与评价方式等。良好的品德是在学校、家庭教育及社会影响下，通过学生自身实践活动而逐步形成的，因此，本校的品德与公民教育以课程大纲为依据，在课堂上完成教学任务，对学生进行基本道德及法律规范、公民意识教育等。同时，紧密结合国内外时事形势，进行国情教育、中华优秀文化传统教育等，增强学生的国家、民族自豪感，培养爱国情怀和爱澳精神，使之成为一位新时代良好小公民。

（一）《做个濠小快乐人》德育实践活动简介

"立德树人"是小学的根本教育任务，德为首，人为先。"人人德育"，在新时期越来越为大家所共识。学生的道德教育，不仅是班主任和公民老师的"专利"，而且应该是每位教育者的职责。因此本校结合校情构建了全方位育人奖励体系"做个濠小快乐人奖励计划"活动，主要是针对学生不同表现、不同成长需要的满足，其所指向的是学生核心素养、现代公民素养的培育和学生的全面成长、个性化成长，不仅体现了以学生为本，而且对现代小公民的培养有了现实的支撑，让公民教育成为贯穿学生个人发展和集体发展的主线，与学校整体德育和学习的发展息息相关，与学校的核心价值和使命融为一体。

《做个濠小快乐人》德育实践活动的计划目标是帮助学生建立良好的品

格；努力读书、争取更好的成绩；积极参与校内外的活动、比赛及服务，丰富个人阅历；培养学生成为一个有责任感的人和建立校园关心文化。此计划策略主要是利用奖励计划，鼓励学生挑战自我，通过完成不同的任务，不断地进步及成长。例如在个人成就篇中，除重视学生学业成绩外，还希望他们多尝试参与不同的比赛，累积更多的品德小盖章。在品德篇中要学习感谢别人对自己的关心及爱护，并透过说话及行为向他们表达谢意；以感恩日志或透过心意卡活动，通过亲自绘写心意卡及信件，向他们表达感谢或者发现同学的良好行为；通过"感谢您"留言信箱，向他们表达欣赏；守规、促进校园和谐、午膳珍惜食物、课内外表现优秀者，都可以获得嘉许和奖励，获得"做个濠小快乐人"品德小盖章。本校在理念的传承和实践的探索中，逐步架构起清晰而有特色的校本思想品德教育系统。

（二）《品德与公民》社会实践活动简介

品德与公民课程应立足于学生的生活实践经验，着眼于学生未来的发展需求，将学科知识与生活现象、理论逻辑、生活逻辑有机结合，引领学生认识社会、适应社会，融入社会实践活动，感受世界各领域应用知识的价值和理性思考的意义。所以，本校在《品德与公民》课程的成绩评定中课堂学习占百分之七十，社会实践活动占百分之三十。课堂学习成绩由公民教师按课程大纲要求实施。社会实践活动评核由校内、校外服务和家庭实践组成，主要由执教公民课程的教师和班主任作监管。服务以课外实践活动为主，以不影响学生学习为前提；而家庭实践方面以主动做家务、礼貌待人为主，由家长根据子女在家表现如实给分。在社会实践中，要加强思想品德教育，充分利用重大事件、重大活动的育人契机，本校组织并展了优秀道德品质养成主题活动，开展义工服务活动，这充分体现了品德与公民教育对学生思想素质的综合评价。

事例1：濠小在春节前会开展全校师生大扫除的活动，从而提高学生的劳动能力、增长学生劳动经验、发展劳动素养。在大扫除实践活动中，除了让学生掌握基本的劳动知识外，老师们还要特别重视对学生劳动技能的指导。如指导学生如何正确使用抹布擦桌子、如何正确使用扫把扫地、如何正确地拿拖把拖地面等，在教会学生学会正确使用日常劳动工具的同时，掌握日常必备的劳动技能。大扫除结束后，老师们还需引导学生谈感受并分享劳动的体验和收获，使学生不仅增长了劳动知识，掌握了劳动的技能，还提高了操作能力及团队合作能力，深刻体会到劳动让人快乐，劳动创造幸福的意义，本校通过社会实践活动使学生在劳动中获得成长。

事例2：在春节前夕，组织学生自制贺年挂饰、挥春和手工皂，到敬老院进行探访和慰问，让学生领略到社会的责任感和传承中华民族美德的使命感，让他们明白在生活中要关爱老人，珍爱生命。

事例3：举办行善扬爱亲子卖旗日活动，组织亲子参与卖旗募捐活动，让亲子共同构建充满爱与善的回忆。这些实践活动将是学生成长道路上重要的一课。这一系列的优秀道德质量养成主题活动和社会实践活动是本校组织学生广泛开展的普及文明风尚、扶危济困及面向特殊群体的义工帮扶活动，将德育要求融入社会实践和义工服务全过程中，打造具有鲜明教育特点的实践品牌。

二、结合中华人民共和国教育部、澳门现行课程法规和校情实践的育人途径

本校按照新时代的育人方式，结合中华人民共和国教育部、澳门现行课程法规和校情实施多方面的育人途径：

（一）课程育人

充分发挥课堂教学的作用，将德育内容细化落实到各学科课程的教学目标之中，融入渗透到教育教学全过程。发挥其他课程的德育功能，将德育内容有机融入到各门课程教学中，用好学校课程，结合传统文化以及重大历史事件、历史名人等，培养学生爱国、爱澳、爱校、爱家的感情。

例如，在《品德与公民》课中，老师会根据澳门本地及国际时事设计课

程内容，与学生进行探讨，培养他们的反思能力，使他们明白社会乃至国家的发展都与历史息息相关，从而增强爱国、爱澳、爱校、爱家的思想意识。例如，本校开展的"弘扬中华文化，传承中华文明"经典之夜文艺汇演，就像是一场华夏文化盛宴，这场活动弘扬了优秀的民族精神，让学生深入了解中华民族的灿烂文化，肩负起传承中华传统文化的责任，同时丰富了学生的课余生活并提升了学生语文学习的兴趣。

（二）文化育人

（1）开展校园文化建设活动，提高校园文明水平，让校园处处成为育人场所。让每面墙壁都具有教育的引导和熏陶的作用。本校充分利用板报、走廊、墙壁等进行文化建设，展示学生自己创作的作品。

（2）建设班级文化，鼓励每个班级的学生自主设计班名、班训、班级口号等，增强班级凝聚力。

（3）推进书香班级、书香校园建设，向学生推荐阅读书目，调动学生阅读的积极性，提倡小学生每天课外阅读至少半小时等。希望学生爱上阅读，善于阅读，学会阅读。在阅读中开启心智、明辨是非，培养更多爱书人、读书人。本校于本学年举办了22项多元的书香校园阅读活动，并荣获"第五届学校阅读推手奖励计划"季军和最多活动奖，这奖项实属来之不易。

（三）活动育人

精心设计、组织开展主题明确、内容丰富、形式多样、吸引力强的品德与公民教育活动，以鲜明正确的价值导向引导学生，以积极向上的力量激励学生，促进学生形成良好的思想品德和行为习惯，本校分别开展下列重点的系列活动：

（1）开展节日纪念日活动。利用春节、元宵、清明、端午、中秋、重阳等中华传统节日，介绍节日历史渊源、文化习俗等校园文化活动，增强传统节日的体验感和文化感。如本校每年举办大型闹元宵传统华服展示活动，活动当天校园大堂前挂满了琳琅满目的亲子花灯，师生们亦身穿绚丽多姿的传统华服上学。为了让学生认识和体验元宵节的传统习俗，语文科组准备了内容丰富的节目，分别有猜灯谜、《年兽来了》故事话剧表演、一至六年级学生的传统华服走秀展示大赛、贺年歌曲演唱和吃汤圆等别出心裁的活动。学校还安排老师扮演"财神"，与学校行政、教职员和家长代表向全校学生派发糖果红包，祝福同学们在新一年里身体健康，学业进步。闹元宵活动中充满了欢声笑语，场面温馨热闹，相关节日活动不但加深了同学们对中国传统文化的认识，也让同学们在新学期的学习有了一个好的开始。

（2）利用中国共产党建党一百周年纪念日、九一八纪念日、烈士纪念日、国家公祭日等重要纪念日，以及地球日、环境日、健康日、国家安全教育日等主题日，设计开展相关主题教育活动。如组织学生参观建党百年《百年追梦·见证小康》摄影展，让学生明白到自己当下的生活是幸福的、温暖的，更应让学会珍惜和感恩，要为理想勤奋学习，将来回报社会、建设祖国。每年组织五六年级学生参与全澳中小学生《中华人民共和国宪法》《基本法》知识在线比赛，基本法班际板报比赛等。

（3）利用劳动节、儿童节、教师节、国庆节、回归日等重大节庆日集中开展爱国、热爱劳动、尊师重教、爱护环境等主题教育活动。

（4）举办丰富多彩、寓教于乐的四个校园节活动。分别有体育节、科艺节、读书节和感恩节，培养学生兴趣爱好，充实学生校园生活，磨练学生意志，促进学生身心健康发展。如每年的三月份为教育学生热爱生活，学会感恩，培养学生的感恩思想，我校举办"感恩节"活动，内容包括主题周会、感恩写作、摄影比赛、义卖活动、学做义工等，让学生懂得感激父母的恩情、师长的关怀、同学的友爱。

（5）开展仪式教育活动，如尊师开笔礼、感恩节义卖活动等仪式教育活动要体现庄严神圣，发挥道德价值引领作用，创新方式方法，与学校特色和学生个性展示相结合。每年十月，组织一年级学生参与尊师开笔礼活动，进一步弘扬中华传统文化。

（6）严格升挂国旗制度。每周一及重大节日活动举行升旗仪式，奏唱国歌，开展向国旗敬礼、国旗下讲话等活动。

（7）开展学生会活动，发挥学生会作用，完善学生社团工作管理制度。

（8）结合各学科课程教学内容及教学特色，充分利用课后时间组织学生开展丰富多彩的科技、文娱、体育等第二课堂活动。

（四）实践育人

（1）广泛开展社会实践活动，每学年至少安排两周时间（上下学期评测后的研究性学习周进行），开展有益于学生身心发展的实践活动，利用爱国主义教育基地、公共机构、各类校外活动场所，开展不同主题的实践活动。利用历史博物馆、文物展览馆、物质和非物质文化遗产等开展中华优秀传统文化教育。不断增强学生的社会责任感、创新精神和实践能力。

（2）在学校日常教育中渗透劳动教育，积极组织学生参与清洁校园、绿化美化校园等，并将校外劳动和家中劳动纳入学校的校本《品德与公民》社会实践活动教育教学计划中。教育引导学生参与洗衣服、倒垃圾、做饭、洗碗、拖地、整理房间等力所能及的家务劳动。

（3）组织研学活动，安排适合学生年龄特征的研学活动，把研学活动纳入学校教育教学计划，如每年世遗游踪、全校秋季旅行、小六的毕业旅行、认识祖国爱我中华研习之旅、传承中华文化艺术研习活动等，促进研学与学校课程、德育体验、实践锻炼有机融合，有针对性地开展自然类、历史类、地理类、人文类、体验类等多种类型的研学旅行活动，做到"活动有方案，行前有备案，应急有预案"，明确学校、家长、学生的责任和权利。例如，适逢2021年是中国共产党建党一百周年，为让学生深入了解国家历史，深刻明白无数先辈对国家作出奉献甚至牺牲，才换来今天国家的繁荣富强，要懂得珍惜和感恩，学校特别在珠海淇澳岛开展以"弘扬长征精神，学做红色传人"为主题的小六毕业班认识祖国、爱我中华实践教育活动。

（五）管理育人

积极推进学校治理现代化，提高学校管理水平，将学校德育工作的要求贯穿于学校管理制度的每一个细节之中。健全学校管理制度，规范学校治理行为，形成全体师生广泛认同和自觉遵守的制度规范。制定班级民主管理制度，形成学生自我教育、民主管理的班级管理模式。建立实现全员育人的具体制度，明确学校各个岗位教职员工的育人责任，规范教职工言行，提高全员育人的自觉性。

班主任要全面了解学生，加强班集体管理，强化集体教育，建设良好班风，通过多种形式加强与学生家长的沟通联系。各学科教师要主动配合班主任，共同做好班级德育工作。加强师德师风建设，培育和宣传教学骨干、优秀班主任及德育工作者等先进典型，引导教师争做表率。

关爱特殊群体。加强对经济困难家庭子女、单亲家庭子女、学习困难学生的教育关爱，完善学校联系关爱机制，及时关注其心理健康状况，积极开展心理辅导，提供情感关怀，引导学生心理、人格积极健康发展。

（六）协同育人

积极争取家庭、社会共同参与和支援学校德育工作，引导家长注重家教、注重家风，营造积极向上的良好社会氛围。加强家庭教育指导。建立健全家庭教育工作机制，丰富学校指导服务内容，及时了解、沟通和反馈学生思想状况和行为表现，认真听取家长对学校的意见和建议。

小结

小学阶段是公民意识、公民道德和公民素养形成的关键时期，因此，濠江中学附属小学高度重视学生道德质量的培养，坚持育人为本、德育为先，以爱国主义教育为重点、以道德规范为基础、以学生全面发展为目标，进一步加强和改进学生思想品德教育。

一是濠江中学附属小学德育组认真学习研究，进一步调整和完善思想品德教育目标和课程体系，统一规划小学学生思想品德相互衔接的递进、持续发展的思想品德教育体系，不断创新思想品德教育理念、内容和方式，充分发挥教师在教学中的重要作用，如注重学段衔接和知行统一，强化道德实践、情感培育和行为习惯养成，努力增强德育工作的吸引力、感染力和针对性、实效性。二是进一步加强校家社互动的思想品德教育工作合力。创新德育工作载体，加强工作指导。以家庭教育为切入点，开展感恩教育，坚持协同配合，发挥学校主导作用，引导家庭、社会增强育人责任意识，提高对学生道德发展的重视程度和参与度，形成学校、家庭、社会协调一致的育人合力，并且推进德育工作制度化、常态化，创新途径和载体，将德育工作贯穿融入到学校各项日常工作中，努力形成德育工作长效机制。三是进一步加强德育工作与传统文化融合，发挥传统文化的现代价值，通过不断创新丰富传统文化和节庆日等，打造一批富有时代气息、体现文化内涵、具有价值导向的濠江中学附属小学品牌活动，弘扬中华优秀传统美德。

【参考文献】

[1]刘羡冰.澳门教育史[M].北京：人民教育出版社，1999.

[2]人民教育出版社和课程教材研究所.品德与公民[M].北京：人民教育出版社，2020.

[3]张敏.秉承"活教育"理念　推进"现代小公民教育"[J].现代教学，2018，（5）：4-5.

[4]冯建军.公民教育课程及其设计[J].东北师范大学学报（哲学社会科学版），2015（1）：6.

[5]冯青来，汪春艳.小学公民教育的问题探讨[J].基础教育，2009（9）：4.

[6]潘照团.好教育是调理出来的[M].重庆：西南师范大学出版社，2018.

第六篇

濠江中学
家国情怀教育实践活动案例

弘扬中华文化加强传统教育
——书法教育在濠江中学
（陈步倩）

　　澳门是一个中西文化交汇的地方。400多年来，以岭南文化、妈祖文化、葡萄牙文化、澳门本土文化等多元文化为其文化特征，西方宗教背景和中国文化语境也使澳门文化具有了区域差异性、多向思维性。澳门文化中不仅包含中国文化和西方文化的特质，也残存着一些区域文化，因而显出民族的微妙对抗性与和谐性的统一。然而，在澳门回归祖国以前，它的主流文化是西方文化的单向灌注，1999年回归后逐步发生变化，所以在文化身份认同上有一个逐渐由西化走向多元化，再走向以中国文化为主体的特征。起码在当下，澳门文化是西方文化、中国边缘文化和中国主流文化多元并存的状态，而这种多元文化并未互相阐释，而是互相融合。

　　在西方文化和中国主流文化的相互冲击又相互融合的情形下，没有造成破坏性的道德影响，这是值得我们探讨的问题。这与我们的民族自信关系很大。有了民族自信，才显示出自身文化的强势，显示出自身文化的生命力，显示出自身文化的包容力和自我改造、自我完善的能力。中华文化源远流长，博大精深，在5000多年文明发展中孕育的中华优秀传统文化，积淀着中华民族最深沉的精神追求，代表着中华民族独特的精神标识。其独一无二的理念、智慧、气度、神韵，增添了中国人民和中华民族内心深处的自信和自豪。我们要大力弘扬以爱国主义为核心的民族精神和以改革创新为核心的时代精神，大力弘扬中华优秀传统文化。

　　习近平主席曾就中华优秀传统文化和中华美德的传承与弘扬发表了一系

列重要讲话。在这些讲话中，他充分肯定了民族文化和民族精神对民族生存、发展、壮大的重要作用，明确指出中华文化的发展对中华民族伟大复兴的重要意义。讲话思想深刻、内容丰富，吸收了学术理论界关于中华传统文化研究的成果，反映了广大人民的意愿，是我们弘扬中华文化、传承中华美德，推进社会主义核心价值观建设的科学指南。

澳门濠江中学长期坚持爱国主义教育，大力弘扬中华文化，面对新的历史时期，面对迅猛发展的年代，面对传媒无以复加的现代生活，有必要加强传统文化的再认识，去粗取精，吸取古今中外精华，并以开放、改革、科学、求实的态度，增强民族自信，增强青少年的自我判断能力，培养下一代自尊、自律、自强不息的、独立而健全的人格。

书法教育是传承中华文化的一个很好的平台，书法艺术源远流长，博大精深，是中华优秀传统文化的代表，也在世界上享有盛誉。学校办学至今，在课程安排上坚持每周上书法课，为了进一步营造浓厚的校园文化氛围，引导师生继承、弘扬中华传统文化，强化书法艺术，学校于2011年和中国书法家协会签约成立兰亭中学，并于翌年成立了澳门濠江兰亭书法协会，精心设置"兰亭书法室"，以更好推动书法教育的普及化，希望于书法艺术这片沃土中传承中华文化，同时培育更多的书法人才。

自从濠江中学"兰亭书法教育示范校"挂牌揭幕之后，学校立志走出一条书法教育特色之路，让书法成为师生们的一种兴趣、一种习惯和一种生活。我们期待学生们能掀起学习书法的热潮，勤练书法，弘扬国粹，深入了解和传承中国传统文化和古代哲学思想，从而增强文化认同感和民族自豪感。学校兰亭书法协会的教育理念和具体运作如下：

一、坚持培训打基础

"写好中国字，做好中国人"。书法作为中华民族一门优秀的传统文化艺术，它以汉字为根本，其产生和发展是以实用和实践为基础，审美和理论为生发的。我国古人睿智地创造了丰富的文字艺术形象，将人类的想象力、创造力和对美的追求都附着在文字上，进而又将人的情感和生命力贯穿于文字，书写的同时，赋予了书法艺术以精神和生命。

学校长期坚持开展中华传统文化教育，从课程设置、人员培训到余暇活动的安排都体现学校"弘扬国粹，传承中华文化"的教育理念，营造浓厚的校园文化氛围，引导师生继承、弘扬中华传统文化，从而增强文化认同感和民族自豪感。学校从小学三年级至初中二年级均设每周一节的书法教学课，安排专业教师开展书法普及教育。在此基础上，自2012年起，每年两次邀请中国著名书法家韩宁宁莅校指导，重点对语文教师、兰亭学校的学生共一百多人进行系统培训。也曾多次邀请中国书法家协会苏士澍主席、赵长青书法家、广东王沛恩书法家以及澳门连家生书法家等莅校讲课指导。

几年来，濠江兰亭书法协会不遗余力地坚持校本文化教育的优良传统，积极开展书法教育，在坚持书法教学课程外，还组织了兰亭书法培训班，中学部设兰亭书法室，可容纳八九十位学生，学生每天早上提早回校利用半小时进行习字，中午和下午放学后则欢迎有兴趣的学生到该室练习，有教师辅导。每月最后一周的星期五下午放学后安排一次兰亭班的学生集雅活动。其他两个校部（小学部和英才校部）同样组织学生利用早上、中午或下午开展辅导培训活动，以提高学生的书法的水平。

另外，为推动师生积极参与习字，协会要求教师会员每周完成一次作业，学生会员每天完成一次作业，并通过组织书法比赛、书法展览、与内地友好学校的书法交流活动，从而打造"兰亭书法教育示范校"的品牌，弘扬书法艺术，培养书法优秀人才，为澳门书法基础教育添砖加瓦。

二、多办比赛求进步

本校每年举办季度性的师生书法比赛，评出各等级的作品，给予奖励，鼓励进步。除此之外，我们鼓励学生积极参加澳门或全国性的、地区性的硬笔、毛笔书法比赛，每年参加澳门各类书法比赛约有六七次之多，如一年一度的"全澳学生毛笔比赛""全澳学生中文硬笔书法比赛""挥笔显才华毛笔书法比赛""道德经书法比赛""全国兰亭学校书法比赛"（在这次比赛中，我校李同学获全国一等奖即前十名，并代表中国赴日本参展）；"丹青少年中国书画大赛"（小学部的关同学获一等奖）；"佛港澳学生书法比赛"等，还组织学生参加中山市举办的"第一届省港澳台亲子书法比赛"，促进了亲子关系、师生关系以及学生间的友好关系。我们认为：比赛不是目的，是交流、是思想碰撞，是互相学习，比赛过程才是重要的。通过各种比赛，促进学生勤学苦练，提高书法技艺，学生也从中进一步加深对中华文化的认知和了解。

三、交流学习增见识

交流活动是一项让学生增广见闻，互相切磋，提高书法技艺的好活动。交流也是学习他人习字态度，为人作风的好机会。中国传统教育强调先为人后为艺的理念，人品不高其艺必伤，心正则笔正。书法是一门具有深厚文化内涵，强调综合能力的艺术，作为一个书者，只有熟悉中国历史，了解中国文化，通晓中国哲学，并从中提炼出符合中国艺术发展规律，能揭示中国书法本质的理论精华，才可能在今后的工作生活中博学多闻，为人正派，德艺双馨。

2014年，学校组织三十多位师生赴西安进行学习交流，与"弘文馆"学生现场研习书法；2015年，学校组织三十名师生赴湖南长沙麓谷明德学校学习交流；2016年，学校组织三十名师生赴广东肇庆一中进行书法学习交流。所有的交流活动，教师学生均挥毫展示，互相观摩，随后双方的指导老师现场给学生的作品作出点评，提出了宝贵的意见，学生也互相交换作品留念。学生在互相切磋的同时还得到书法家老师的指导，受益匪浅。通过交流学习，拓宽师生的视野，提升欣赏能力，提高书法技艺，从而提升个人品位。

四、举办展览扩影响

2013年，学校和广东顺德容桂城西小学联合主办"催笋成竹，润花着果"书画联展，此次书画联展意义重大，它彰显了两地学生乐观向上、热爱自然、感悟生活的新时代精神，是两地学校办学成果的完美展示，是拓展和实践优秀艺术文化的深层思考，更是一次艺术风采交流的极好机会。2016年，学校再次和顺德城西小学联合主办书画展，并交流两校在传承传统文化的工作心得，效果良好。

2015年初，学校在澳门万豪艺廊为韩宁宁、王沛恩、尤端阳、李晓仪、罗嘉泳、关星陆等六位师生举办书法展，是次师生作品展，展出包括濠江中学校长兼濠江兰亭书法协会名誉会长尤端阳、北京的全国九大女书法家韩宁宁、中山的广东书法家王沛恩，以及濠江学校小学四年级学生关星陆、初三学生罗嘉泳、高三学生李晓仪等六人的新近及过去的优秀作品，期望与社会分享他们的书法和学习成果；2016年11月，在我会成立三周年纪念日，又在万豪轩举办了"书艺传情——澳门濠江中学师生作品展"，展出濠江兰亭书法协会多位教师及学生作品五十幅，涉猎楷书、隶书、行书及瘦金体等佳作，与社会大众分享书法创作和学习成果。书法展得到了澳门教青局、中联办、中国外交部驻澳门公署以及社会书法界人士的重视、关注和认同，扩大了兰亭书法协会在社会上的影响，增强了师生对书法艺术的热爱和追求。

由佛山市政协、佛山海外联谊会、香港诗书联学会、澳门中华文化联谊会联合主办的首届"佛港澳翰墨情"佛港澳中小学生书法联展分别在佛、港、澳三地进行展览，共展览来自三地中小学生的书法作品100多幅。佛、港、澳三地地理位置相邻、文化相承、语言相通，文化教育交流频繁，希望通过此次活动，以书法为桥梁，促进佛港澳三地中小学生的文化交流，增进相互了解和沟通，加强文化认同。全国政协常委、全国政协书画室副主任、中国书法家协会主席苏士澍、广东省政协副主席梁伟发、佛山市政协主席杨晓光、全国政协文史委员会副主任、澳门中华文化联谊会会长梁华，全国政协委员、香港汉荣书局主席石汉基等领导，以及来自佛、港、澳三地的中小学生书法爱好者一同参加了开幕式。

我们本着传承书艺的意愿，希望藉此抛砖引玉，唤起澳门人对书法的重视与传承。所谓："操千曲而后晓声，观千剑而后识器"。

五、举办会庆促发展

每年的11月，本会均举办周年会庆活动，邀请关心书法教育的社会名人，书法界人士、协会顾问以及全体会员出席活动，晚上举行联欢聚餐，会上负责人总结一年来工作的成效，提出对新一年工作的展望，并在晚会中表彰奖励优秀学员，展示优秀作品，同时邀请书法家即席挥毫，书艺示范。会员之间畅谈书艺心得，整个晚会热闹欢乐，凝聚了会员，鼓励了学员。

书法教育是对中小学生进行书写基本技能的培养和书法艺术的欣赏，是传承中华民族优秀文化，培养爱国情怀的重要途径；是提高学生汉字书写能力，培养审美情趣，陶冶情操，提高文化修养，促进全面发展的重要举措。在中小学生中开展书法教育，不仅能提高学生书写水平，还对祖国传统文化的继承和发扬、学生智力的开发和健全人格的形成等方面具有重要意义。濠江中学及濠江兰亭书法协会将站在新的起点上，百尺竿头，更进一步！

从课程设置和教材使用看濠江中学
爱国爱澳教育
（陈虹）

濠江中学建校90多年来，素来重视爱国教育，为澳门培养出一批又一批的高素质爱国人才。在数代濠江人的不懈努力和探索实践下，学校爱国教育不断深化，逐渐建立起行之有效的教育机制。特别是回归以后，学校坚持以爱国、爱澳教育作为德育教育的核心，以课程为抓手，教材为依托，课堂为主阵地，课外为辅助，通过搭建社会实践活动平台，全员、全方位、多层次向学生开展爱国爱澳教育，充分发挥家校合作、社团携手、政府支援的协同效应。经过多年的实践，取得良好成效，彰显了校本特色。

一、课程服务目标

（一）显性课程言传身教

课堂教学是爱国爱澳教育的主阵地，其教育的质量及成效，很大程度体现在学校课程的设置上。长期以来，学校透过优化中文、历史、地理、公民、周会、班会、余暇活动等课程，把爱国爱澳教育贯穿在各个教育环节中。

澳门回归后，学校积极把《澳门基本法》和"国家政治体制"作为品德与公民课的教学内容，推动学生了解"一国两制""澳人治澳"的方针及精神，熟悉《澳门基本法》及《中华人民共和国宪法》的相关内容。

学校大力推动中华文化及传统美德的传承，把中华文化常识渗透到公民及历史教育中，推动学生参加"中华文化常识达标工程"考试，加强学生对祖国历史文化的深入认识，增强对国家的认同感、归属感及荣誉感。

充分利用周会和班会课，向全体师生介绍国家改革开放进程中，在政治、经济、文化、民生、科学技术、军事、外交等方面所取得的伟大成就。

尤端阳校长、陈虹副校长先后担任全国政协委员，每年将两会情况及精神向全体师生传达，让师生掌握国家发展的新成就、新动向，引导学生把自身学习和发展融入到国家发展的大局当中。

邀请校友及嘉宾莅校作主旨演讲，如邀请澳区省级政协委员与师生分享奋斗历程和成功心得，邀请经科局长戴建业校友为全体师生主讲题为《粤港澳大湾区与澳门经济适度多元》的周会课等。

（二）隐性课程润物无声

学校十分重视学生的道德情感体验，从学生的心理特点和学习特点出发，通过设置一系列的隐性德育课程，强化显性课程所传递的经验，提高爱国教育的系统性和实效性。

20世纪90年代，学校已组织升旗队。全校坚持每周举行升挂国旗、区旗仪式，向师生讲述国旗、国歌、国徽的故事和精神。明确升国旗仪式的礼仪规范，引导师生严格遵守，从而形成习惯。

学校自80年代起已推行普通话教学，开设普通话课程，语文老师也坚持用普通话上课，学生的普通话水平良好，师生对祖国的身份认同感和亲切感大大增加。

为调动学生学习时事的积极性，加强师生对本澳及国内外时事动态的了解，每周皆组织学生在周会课上向全校师生进行时事宣讲，开阔师生眼界。每逢国庆、澳门回归纪念日等日子，各级组举办主题板报比赛，并利用校园的展板和宣传栏进行宣传，营造良好的爱国氛围。

为使教育工作做得更灵活和深入，学校专门成立了校园广播电视台，通过制作校园故事及时事短片，渗透爱国情怀。打造中华文化特色校园，提倡"儒雅教育"，倡导"儒雅文化"，彰显爱国精神。注册濠江微信公众号，报道学校的教育、活动情况，以及学生取得的优秀成绩，弘扬优良校风，加强爱国宣传。

（三）活动课程、实践课程知行合一

本着知行合一的原则，学校从《品德与公民》课开始进行深度改革：通过课堂知识的学习，以社会服务实践和家庭表现评定为手段，让学生掌握课堂内所学的知识后，再通过校外实践（义工服务）活动，使其内化成个人的品德修养，达至"知行合一"的育人效果。要求每位同学在指定的时间内，参与一定时数的义工服务。通过义工服务方式，检验学生的思想认识与实际行动是否相一致，更全面地、更客观地反映学生的思想素质，激励学生走进社会、认识社会、服务社会。

校园文化活动是爱国教育的一个重要平台，学校充分利用典礼文化和节日文化、比赛文化，借着"开学典礼""毕业典礼""班长领袖培训班""校园文化节""国庆节""演讲比赛""经典诵读比赛""基本法比赛""国情知识比赛""外交知识比赛""文艺汇演""认识祖国，爱我中华"学习之旅、"飞鹰培训基地""国防教育营""慈青营训练"等学生喜闻乐见的多元活动，使学生在活动中潜移默化接受教育，取得了较大的成效。

二、以教材为依托，扎实有效

习近平主席在视察濠江英才校部时指出：教材是爱国主义教育的重要载体，澳门特别行政区政府同内地出版社合编教材的做法值得充分肯定。要鼓励更多学校使用新教材，让老师们把教材讲好、讲活、深入人心。

本校长期重视校本教材的编写和使用，把爱国教学渗透到各科的教学之中。《1954年学校工作方针及计划》指出："语文科组要进一步充实课堂教学

的爱国思想教育（但应避免任意发挥、牵强附会）。"史地社科应"在不混乱教材系统和影响教学进度的前提下，多结合祖国建设和现实问题进行教学，以落实该学科的爱国思想教育。"

20世纪60年代，我校的数理化教材也是参考内地人民教育出版社的版本。《1966年语文科组教学大纲》中的语文教学目的：在爱国主义教育方针的指导下，通过语文教学，进行思想品德教育，使学生树立正确的世界观和人生观，培养他们的爱国主义、国际主义和集体主义精神以及劳动观点等。

20世纪八九十年代本校使用港版《中国语文》和《中国文学》。2010学年开始使用人教版语文教材；2020年澳门教育当局与内地合作，出版了澳门版《中国语文》，我校2020学年初一试行人教版《语文》教材和澳门版《中国语文》混合使用，以人教版为主。2021学年，初一和高一试行人教版《语文》为主和澳门版《中国语文》为辅的教材使用策略，为逐渐过渡到全面使用澳门版《中国语文》做调研和决策。

除了重视语文教学，学校还十分重视课堂教育在德育中的主渠道作用。从20世纪80年代起，学校开设了公民课。校本教材《中学公民》编辑要旨指出："旨在指示立身处世之道，使学生了解其本身对家庭、学校、社会、国家以及世界所应负的职责。""道德教育之实，贵能知行合一，教师在从事本科教学时，可以采取讨论、辩论、对话、表演，利用矛盾处境，以及报告和讲故事等方式，俾使道德教育之教学，获得最大的效果。"

20世纪90年代初，学校已编写初一《爱己及人》、初二《认识祖国、香港和澳门》、初三《理解基本法》等校本《公民》课本。1993年着手编写高一《哲学知识初阶》和高二《逻辑学和美学》校本公民课本。校本公民课本为澳门版《公民和品德》教材提供不少爱国爱澳素材。目前，本校全部使用澳门版《公民和品德》教材，高一补充《中华文化常识》课本，高二补充《澳门基本法》讲义，初中补充《濠江史略》课本。《公民和品德》重点突出学生思想品德教育和道德情操的培养。结合国情、澳门的历史和现状，现在思考将《中华人民共和国宪法》常识，《国安法》知识融入教学中，培养"扎根澳门，关注湾区，胸怀祖国，放眼世界，面向未来"的一代新人。

历史科组在20世纪90年代已开始使用人教版《中国历史》和《世界历史》，以向学生传授正确史学观，使爱国教育在文史学中得到渗透。2018学年，初中开始使用澳门版《中国历史》。爱国教育落实到教材，才能做得扎实，做得有效。

初中地理教材从2012年起，使用编排更清晰、内容更丰富的"湘教版"，让学生更充分认识祖国的自然资源和壮美河山，激发爱国之情。

爱国爱澳教育永远在路上，久久为功，方能树牢爱国爱澳情感，凝聚强国强民的共识，共同实现中国梦。濠江中学爱国教育持之以恒，形式创新，坚持以事感人、以情动人、以理服人、以德育人，促进学生把爱国爱澳的感性认识和理性认识融会贯通，做到春风化雨、润物无声。未来，濠江同仁，必定更加努力，与时俱进，坚定不移地把教育工作做得更好，让爱国爱澳精神薪火相传，"一国两制"事业后继有人、后继有劲。

在非高等教育中开展人工智能课程的思考
（王志强）

2021年3月13日，我国公布了《中华人民共和国国民经济和社会发展第十四个五年规划和2035年远景目标纲要》。全文共十九篇六十五章，"智能""智慧"相关表述达到57处，说明以人工智能为代表的新一代信息技术，将成为我国"十四五"期间推动经济高质量发展，建设创新型国家，实现新型工业化、信息化、城镇化和农业现代化的重要技术保障和核心驱动力之一。尤其是在人工智能突破核心技术、打造数字经济新优势和营造良好数字生态方面，其中涉及的创新意识、跨领域应用所需的技术、伦理、法律和风险等，都是我们在未来人机协作时代需要具备的素质。

虽然人工智能还处于早期的扩展阶段，但在生活中许多不同领域的影响已显而易见。国际经合组织OECD在2018年发表的《Automation, skills use and training》报告中指出，产业自动化后有14%低技术工作会被取代，32%的工作会出现重大改变，在人机协作的社会生产方式下，亦会衍生出一些新的工作岗位。因此，正确了解人工智能的原理、特点、应用技术和规范，将有利于驾驭这个颠覆性的工具，更好地为我们服务，建设好智慧城市。

2021年9月初，国务院印发了《横琴粤澳深度合作区建设总体方案》，对促进澳门经济适度多元发展给出了明确的指引，在发展科技研发和高端制造产业方案中，提出要建设人工智能协同创新生态，打造互联网协议第六版（IPv6）应用示范项目、第五代移动通信（5G）应用示范项目和下一代互联网产业集群。

过去几十年，传统学科的确为世界在各个范畴上培育了大量的人才，但随着互联网技术的发展，万物互联的时代即将到来，不管是人、流程、数据和事物都变得更加相关，更有价值。万物互联将信息转化为行动，给企业、个人和国家创造新的功能，并带来更加丰富的体验和前所未有的经济发展机遇，人工智能就是打开这些新机遇的锁匙。跨学科合作和创新需求不断增长的今天，OECD的测试也开始运用网络，综合不同领域的真实情境来检测，更提出了创造性思维的创新评估领域和计算思维能力的要求，这些都是人机协作时代所必需具备的特质。本人认为我们要培养出创新型的人才，就必须让他们具备能实践创新的工具，因此，教学形式、教学要求、教学内容上的大胆改革也是必需的。这样，我们的学生日后才能更好地融入大湾区，与湾区内的人才共同建设祖国。

2018年，中华人民共和国教育部印发了《高等学校人工智能创新行动计划》通知，当中就提到要在高等院校推进"新工科"，形成"人工智能＋X"复合特色专业和建立人工智能学院、研究院或交叉研究中心，在中小学阶段引入人工智能普及教育。2019年9月，内地多个城市开始在重点学校开设人工智能普及课或通识课的试验，以广州市为例，共147所人工智能课程改革实验校，5万多位3至8年级的学生，每周一节课，以劳动技能（综合实践）课时开展人工智能通识课程。另一方面，多个城市在高中阶段也推行人工智能指定选修课，进行更深层次的专业学习。

从国家政策、生活应用、工商业发展、人才培养和澳门发展的需求上都可以看出，为了应对未来发展，我们的学生需要综合的人工智能素养，当中融合了科学、技术、人文、商业等多种元素，是有别于现有单一学科的一门交叉型学科。作为基础教育，我们应该跟随时代进步，培养能够融入智慧城市发展，符合高等教育需求的人才，我们需要一门既符合学生的生活体验，在教学内容上又具备前瞻性、创新性、综合性、合作性、技术性和实践性的课程。

自2014年开始，濠江中学开展了多个中长期的信息计划，在信息化的技术与学科深度融合、STEM跨学科合作学习和创客技术上都积累了一些经验，随着世界人工智能技术的强势发展，加上老师在信息技术应用上的坚实基础和教育创新的渴求，2020学年，我们也像内地的一些实验学校一样，利用综合实践课时，参考教育部中央电化教育馆的课程框架，得到澳门教育及青年发展局的支持，开展了面向全体学生的人工智能普及课的试验，培育学生人工智能素养。

既然是顺应时代，顺应国家规划发展需要而产生的新课程，就必须要回应新时代发展的需求，"十四五"规划中提出"要以数字化转型整体驱动生产方式、生活方式和治理方式变革，充分发挥我国数据、应用场景的优势，实施'上云用数赋智'行动，促进数字技术与实体经济深度融合。通过建设重点行业人工智能数据集，发展算法推理训练场景，推进智慧医疗装备、智慧运载工具、智慧识别系统等智慧产品制造，推动通用化和行业性人工智能开发平台建设，在智能交通、智慧能源、智慧制造、智慧农业及水利、智慧教育、智慧医疗、智慧文旅、智慧社区、智慧家居、智慧政务等领域形成一系列数字化、智慧化应用场景。"结合以上因素，未来的人工智能素养应趋向社会化和综合化，人工智能将作为核心内容起到聚合作用，人工智能技术将融入到各学科的教学过程，成为真正的智慧教育。

在课程内容上，我们从初一年级开始逐年推进，把人工智能作为综合实践课，围绕智能意识、智能态度、智能伦理、智能知识、智能技能、智能思维和智能创新等七个维度逐层推进，为学生建立智能素养。在各教学主题中，结合社会中的真实情境，综合多个维度来落实，例如在语音合成专题中，学生既要知道语音合成的原理，也要知道它的发展、行业案例、优缺点、编程技术，甚至要讨论这个技术在法律、道德和隐私上的争议，还要提出个人使用的观点，并思考怎样融合到生活的应用中。这个课程的重点不是培养所有学生成为专业的人工智能技术开发人员，而是培养学生把人工智能融入到日后各种工作的基本能力，不管学生将来从事哪个行业，都有正确的人工智能观，以合适的态度和伦理与人工智能协作，在更多因发展而产生的新岗位上服务社会。

在教师配备上，考虑到这门课程的目标不是把全体学生都培养成人工智能技术专才，而是培养学生把人工智能与各不同范畴融合的能力，因此需要更多不同的科学知识和不同的思维角度。为此，我们组织了计算机、生物、化学和地理学科的老师，通过培训成为导师，大家在备课时可以互补不足，令教学铺排更加综合和创新。

在开展形式上，除了传统的单元式教学外，更结合了数学、计算机、美术、人工智能四个学科，以项目式学习开展"未来超市"跨学科STEM教学，在各学科中安排一些课时，对主题进行分析建模、方案图文设计，认识人工智能技术、编程技术、与主题相关的软硬件技术及行业知识等，最后让学生通过实践制作未来超市导购机器人、未来购物车概念图，并由小组合作把方案拍摄及剪辑成小视频，在我们项目的最后一个环节——"未来超市方案融资大会"展示及答辩，由各科老师作出综合评价。

经历了一学年的实践，我们在人工智能课积累了不少经验，尤其是课堂互动、学生展示、学生评价、设备管理上，老师都面对各种新的挑战，但在各方的支援和老师的努力下都一一克服了，我们更成为澳门首所取得"中央电化教育馆人工智能课程应用实验学校"牌匾的学校，未来超市项目成为央教馆在全国教师培训中的优秀案例，说明我们对人工智能课程的理解是符合国家发展需要的。

人工智能是现今世界各国发展的重要领域，而且它跟生活、社会、经济、科技，甚至国防都息息相关，不论在什么工作岗位上，人工智能素养都可以让我们更合理地使用新技术，更有效地跟机器"沟通"，运用我们的创意，发挥机器模仿、运算、记忆的优势，在万物互联、人机协作的时代，让机器更正确地为我们服务，建设美好的生活。

传承·创新
——濠江中学附属英才学校艺术教育的特色
（孙衍军）

濠江中学附属英才学校艺术教育的宗旨是为学生的终身发展和幸福人生奠定基础。艺术教育就是要让学生从小得到高雅文化艺术营养的滋润，在灵魂中植入真、善、美的基因，彰显"以德辅美、以美益智、以美促劳、以美健体、以美养心"的艺术价值。

我校艺术教育的课程设置重视传承中华优秀传统文化，追求与时俱进的创新，开设多元化的艺术课程，通过课堂教学、余暇活动和潜能活动以及延伸课程，为学生提供优质服务，致力于培养不同层次学生的能力，让学生在个性化、创造性的学习中，得到艺术涵养与能力发展。

一、在传承中创新

作为以课堂为主、面向全体学生实施艺术教育的学校，我们有传承中华民族传统文化的责任。通过艺术教育，让学生潜移默化地感受中华传统文化的博大精深并自觉传承中华优秀传统文化，这是我们教育者要担当的重任。

美术学科在传统文化方面渗透审美教育、陶冶情操、提升技能。课程采用了德可乐利的教育思想，提升学生对美术学科的学习兴趣，兴趣是德可乐利教学方法的核心。正如德可乐利生动形象的比喻："兴趣是个水闸，用它开启注意的水库，并使注意有了方向。它也是一种刺激，脑力依赖它而冲出。"

课程设计以新奇、趣味、实用为原则，讲求学习内容或教材的新奇性、趣味性、实用性，以提高学生的学习动机；探索符合学生年龄特点的认识祖国、热爱中华文化的教育，将中国传统美德与爱国爱澳教育融入教学中；根据时下流行元素、学生兴趣及实用教材，设计教学，有利于引导学生学习。体验多样媒材，包括素描、水彩、水墨、版画、雕塑、线材、陶土等，以丰富学生创作媒材的种类。拓展学生视觉经验的宽度，配合展览设计鉴赏课程，使学生不论有无机会参观展览，都能对一些艺术家有基本的了解，并借此欣赏作品，提高鉴赏能力。

"绘画"是中国传统文化中四大技能之一，我们提倡国画历史、流派的讲解和赏析。并运用传统中国画的技法在T恤衫、手袋等物品上绘制，使中国传统绘画艺术在传承中得以创新并被运用于生活。

中国民间艺术反映了社会大众的审美和心理需求，为了解与中国文化艺术有关的年画、剪纸、春联及相关风俗，我们开设了中国画潜能班，让对中国画有浓厚兴趣的同学继续深入学习。我校每年还邀请上海撕纸大师华兴富先生，深入课堂进行撕纸艺术的传授，师生受益匪浅。

汉字书法是中国文化的独特表现艺术，被誉为：无言的诗，无形的舞，无图的画，无声的乐。我们非常重视书法的普及教育，在小学四年级至初中二年级每周设置一节书法课，通过书法普及必修课程，让学生认识和了解书法艺术的精髓，传承书法艺术。我们开设的书法潜能班，每天早上7:30—8:10，学生都要在书法室练习书法。另外，我校组织的"濠江兰亭书法协会"，邀请中国书法家协会成员田伯平、胡秋萍、韩宁宁、赵保乐等著名书法家莅校授课、指导；我校学生的书画作品也多次在澳门、东莞等地开办的书画联展上展示。

音乐教学，通过音乐家的故事开启孩子对音乐的认识，用经典作品带着孩子了解与感受音乐创作的背景与历程。借助音乐的力量促进孩子不断茁壮成长。运用技巧练习耳熟能详的流行歌曲，让直笛的教学更为有趣。每个人与生俱有的歌唱能力在课堂学习与训练中得以精进。弹唱教学，运用音乐创作形式来表现丰富的想象力与创作力。在活动中让学生了解各类音乐理论，了解更多不同时代不同风格的音乐艺术。

二、在创新中传承

（一）艺术教育，面向每一位学生

我校音乐艺术特色主要体现在钢琴和管弦乐两个方面，2021年增设中乐合奏。学校以正规课程的设置，通过课堂教学、余暇活动、潜能班等培养学生学习乐器的兴趣。

在中、小学音乐课程的衔接方面，小学以普及钢琴和弦乐为主，中学则以发挥个人乐器专长为主，组建了一定规模的中、西乐团。

从幼儿园大班至小学三年级开设了集体钢琴课，做到了每一位学生上课时都有一架钢琴。2019年，我校钢琴老师根据近十年的钢琴教学探索与经验总结，创编并完善了校本钢琴教材，整套教程的素材选自英、美、法等多个国家、地区不同风格的音乐。既有世界著名的古典乐曲，也有孩子们耳熟能详的童谣旋律。孩子们学习的过程不只是左右手的练习、左右脑的开发，更是对不同音乐的感知与认识。我们追求与打造的是能进一步启迪孩子的智慧，让音乐相伴一生的钢琴课堂。

小学四年级至六年级开设了弦乐课，达到人人都可以接触并学习一种乐器的课程目标。通过弦乐课的创设，发掘弦乐人才，组建了弦乐团。整个弦乐团分别有第一小提琴、第二小提琴、第三小提琴、中提琴、大提琴、低音大提琴、钢琴与敲击共8个声部，学校弦乐团排练配备1～2名专业教师。初期乐团有30多位学生，通过训练，孩子们逐渐都适应了乐团排练模式和演奏。乐团的曲目，从简单的卡农，简易广场舞，到演奏迪斯尼电影主题曲。目前我校管弦乐团成员已超过一百人。2019年庆祝澳门回归祖国二十周年，学校弦乐团出色完成了电视台的录像工作，展示了管弦乐园的风采。

中国民乐是中华文化参天大树根系中不可或缺的一脉，在传统文化的传承过程中，民乐作为特有的民族文化情感的载体，具有举足轻重的作用。我们非常注重民乐传承的人才培养，2016年开设二胡和古筝潜能课程；为选拔民乐演奏的人才，普及民乐知识和技巧，2019年在小四至小六年级开设二胡和古筝的普及课程；2021年成立中乐合奏团，中乐合奏除了讲求团员个人的音乐造诣及演奏技巧之外，也非常重视团员的团队精神。学生在学习、演奏过程中，提高了演奏的技术，打下了良好的音乐基础。

（二）艺术课堂，形式灵活、内容丰富

艺术课堂，带领学生参观社区公园、参观艺术博物馆，参观美术学院、大型艺术展，观看高雅的文艺演出，广泛汲取艺术营养。十年间，学校先后邀请艺术团体以及多位艺术家进驻校园，走进学生的课堂。如中央芭蕾舞团、澳门中乐团、中国京剧团、澳门乐团；如中国美术学院单增副院长、香港造型艺术家杨国雄先生、澳门著名建筑师马若龙先生、画家缪鹏飞先生、袁之钦女士、艺术家吴卫鸣先生、水彩画家黎鹰先生、林建恩先生、油画家黎小杰先生、澳门美术协会会长陆曦先生、澳门大学教授姚风先生等。学生通过近距离接触艺术家，倾听他们谈论个人奋斗史，感受他们对艺术执着的追求以及现场共同进行艺术创作，大大扩阔了艺术眼界，提升了艺术素养。我们将一如既往地开展此类活动。

（三）艺术教育，提升学生的人生幸福感

我校为学生提供了音乐、美术、书法、舞蹈等各种潜能、活动课程的体验，帮助学生在身心、情感、社交、创造及美学素养等多方面获得发展。

音乐课程从视听、肢体、合作、创编等多方位感受音乐美，并把语、数、美、舞蹈、信息课程的部分元素融入音乐课程中，探索跨学科、玩中学音乐。

在小低年级，把舞蹈与体育课有机结合，开设了形体课程，让学生在优美的韵律中健身强体。

美术科还开设了彩绘课程，运用颜料在不同材质上（包括陶瓷、玻璃、

木器、金属、纺织品上）进行各种具有创造力和想象力的绘制，将艺术融入生活，使生活充满艺术气息。

在开展视觉艺术教育的同时，加强了科技创新与艺术结合的教学实践，开设了科技创新艺术组。在科学创新方面，我校设立了3D打印课程，引入相关设备培训学生多元能力。

（四）艺术教育，走出校园

带学生走出校园、走向社会，组织专场演出，开辟展厅展示，向社会汇报艺术教育成果，为具有艺术潜能的学生施展艺术才华构筑平台。

美术、书法组在十年之中完成了四次大型的师生艺术作品展。在2016年新大楼落成典礼之际，美术组带领全校师生制作了扎染围巾、扎染手袋、彩绘碟子各200件，作为纪念品赠与嘉宾，充分展现我校师生的艺术创作水平；2019年六·一儿童节孩子们"给习主席一封信"，美术组老师带领并指导学生完成精美插图。

音乐科钢琴演奏团自2011年起，成功举办每年一度的钢琴演奏会；弦乐团自2015年起，连续参加多场大型演出，包括：每年度的"英才荟萃耀濠江"——学子才艺展示，2018年7月岗顶剧院爱乐团演出，2018年12月英才乐团重奏组受邀校外演出，每年一度的校园开放日演出以及2019年12月参与中央电视台拍摄等，2019年12月庆回归，我校歌咏班参与了大型文艺演出，获得社会各界的赞誉。

2014年舞蹈队建立。舞蹈队的教学目标是培养学生舞蹈兴趣和舞蹈技能素养等，在练习舞蹈的过程中，孩子们除了认识身体基本部位，学习伸展、跳跃等动作并获得愉悦外，还系统学习了横叉、竖叉、前压腿、后弯腰、跪立下腰、起胸腰、芭蕾舞手位、脚位、舞蹈组合训练、流行舞等。2016—2017学年，应学生要求，学校开办了小低年级、小高年级两个舞蹈潜能班，舞蹈队自从2016学年参加校际舞蹈比赛以来，连续获得优异奖的好成绩。

（五）艺术教育，延伸活动创新

2019年我校在初中三年级开设选修科目——创意造型与服饰设计课程，循序渐进提高学生生活艺能。培养具备设计与创作的知能、增进手工艺术制作技能、培养美化生活的情趣、增进个人形象营造的能力、掌握个人形象设计技巧、提升时尚美学素养。

该课程延伸开办各种活动，如组织模特队，从仪态开始训练，建立学生的自信。在澳门第一届全澳青少年才艺大赛中，我校模特队出色展现中国传统文化：中式服装、书法、中国舞的结合，获得全场总冠军。

自2017学年开始，我校学生参加由澳门劳工局主办的青少年技能大赛美容化妆，连续三年获得冠军；参加由澳门生产力暨科技转移中心主办的时装画大赛，我校学生也是连续几年取得优异成绩。

每天早上，在学校的大堂中，当同学们背着书包迈进校园的那一刻，便能听到悦耳的钢琴声，这是钢琴班学生弹奏的美妙的音乐，开启了一日快乐的校园生活。

每天中午，音乐科老师精挑细选的世界歌曲，在校园中播放，老师和同学们精神振奋，准备开始下午的工作和学习。

我们的校园中，到处充满了艺术气息。教室内外，包括教学楼大厅、楼道内，都张挂着学生们独立创作的作品，每天在这里生活学习，犹如沉浸在艺术的海洋中。课后的走廊里，时常还可以听到悦耳的钢琴声、动听的合唱声，以及颇富动感的架子鼓等器乐声。

三、艺术教育，评价创新

（一）艺术之星

我校在每一个学段，都要从校内主题绘画比赛获奖者，以及通过网络提交作品的比赛获奖者中评选艺术之星，充分肯定学生的艺术才能。

（二）艺术大使

通过课堂教学成果选拔艺术大使，代表学校参加校内外组织的书画展览、学校周会演出、或参与大型演出活动，如钢琴演奏会、管弦乐音乐会、师生书画展等，将它作为学生艺术学习成效评核内容之一。

（三）校园小小艺术家

对参加班级、校园环境布置、板报设计等的同学，以及在校园走廊有艺术作品展示的学生，学校给予"小小艺术家"的称号。

我们通过多种创新评价方式，提升了学生学习、参与各种艺术活动的积极性和主动性，增强了学生学习艺术的动力。

结语

我校艺术教育经过十年的发展，在各项比赛、选拔中取得了优异的成绩。在我校第一届和第二届高中毕业生中，有的以优异的成绩考进英国音乐学院、北京服装学院、广州美院，还有8名学生选择了视艺及设计方面的课程进行深造。

学校艺术教育促进文化传承创新，艺术教育正以自己独特的内容和形式感染学生、激励学生、塑造学生，帮助学生建立审美理念、提高审美能力、培养高雅情趣、追求高尚境界，是培养学生全面素质的重要载体，也会对文化传承创新产生积极而深远的影响。

附属英才学校未来的艺术教育将一如既往在传承中创新，在创新中传承，为学生的终身发展和幸福人生奠定扎实基础。

高二历史研究性学习的做法和反思
（李会健）

对于高二文科学生来说，每一段的历史科都会安排一个主题报告，要求学生分组完成。这样的话，历史科的分数并不单单体现学生的记背和材料分析能力，同时也是对学生的团队合作、组织、创造性、构想和实践、史实辨析等能力的体现，学生能够在研究性学习过程中得到成长。

一、高二历史研究性学习的做法

（1）第一段是二战汇报，要求学生积极进行课外资料搜查和阅读后进行课堂汇报，汇报内容必须起码有百分之七十是任科老师没有在课堂上讲授的，鼓励挑战"冷门"课题，会有适量加分。

（2）第二段是孙中山历史足迹路线设计，要求学生在足迹资料搜集和设计路线后进行"踩点"工作，并在过程中纪录交通、门票、周边餐饮等信息，最后制作一份可供游人使用的旅游小册子。在报告过后，有不少的同学都会跟我说同样的话：从来没像现在这么了解澳门，过程很有趣，很有意思，也很好玩，但就是太累人了！我每次只能微笑以对。在4月份收到的民署路线设计比赛章程明显要比往年详细，所以我想，如果2014学年再安排这项学习活动的话，细节可尽量参考民署比赛章程的，以减轻同学们在学年末制作比赛作品的工作量。

（3）"重演历史"是第三段历史报告的主题，因为这份报告的工作量比较大，所以每班分为4大组，而每一组从老师指定题目中任意选取一个进行历史重演。老师和同学们会对剧本和影片两部分进行评分。剧本方面注重的是史实正确性、剧情走向自然度、对白与历史背景符合度、原创性和学术性等方面，至于影片方面，剧情完整性、剪接、配乐、附带字幕、插入少量现成电影片段/历史图片、对白流畅度、对白与历史贴近度、场景与历史贴近度、画面基本清晰与稳定、影音同步、服饰道具、团队分工等多个方面进行评分，因为细节点比较多，老师会就报告要求对学生作出指引和解说。最后在汇报课上，各组的影片会在课堂上播放，学生相互学习、欣赏、取长补短。

（4）第四段的主题叫做"见证"，首先每组派代表分别在"地域签"和"身份签"中抽出该组要完成报告的地域范围和陈述身份（角度）之后，按照抽签结果再虚构一个处于当时的人物，此人物不能是著名历史人物，只能是一个名不经传的人。通过"他/她"的目光去见证抗日这段历史。最后每组呈交一份实物，这份实物就是与虚拟主角在抗日这段历史时光有关的。要求通过实物，可以让我们了解到那段昔日的历史；通过实物，可以让我们感受到中国人的不屈精神、领略到战争的残酷而令生活在和平当下的我们更热爱和平，或者让我们在残酷不仁的战场中不难见到人性的光芒。这份报告难点在于学生选择用什么去体现主题，这同时更需要组员相互的沟通和通力合作。评分方面主要有主角背景信息详尽度、主题明确度、历史真实性及正确性、包装、合作性、历史人物互动、角色正确度、新意度、主题配合度、参考资料来源等。前三段的分组我们都是采取自由组合的方式，但到了第四段，为了照顾成绩比较偏后的学生，分组时规定第1名到第7名要分散在7个小组内，第8名到第14名同样要分散在7个小组内，这样的话每一个小组都会有成绩较好的学生在，原本好的设想，实施下来还是要根据实际情况进行修正，在此过程中，不断有学生跟我反映意见和问题，比如说：因为现在每个小组都有排名较前的学生，很多工作都是组里那两位学生在做……组内有个别的学生甚至一点劳动都没付出过，针对这项问题，最后决定在交件后，每位学生亦须找科任老师接受关于报告成品制作的提问，答不出来或者答得不太好的就会适当扣分。

二、高二历史研究性学习的反思

多元评核指的是"以最真实的评量来鉴定学生的学习成效,同时以多种评量方式与措施进行教学评量"。学生要多元表达,教师则以多元评量的方法评量学生多元智能,进而开发学生不同的潜能。这对记忆能力较薄弱的学生来说,无疑是福音,他们可以在报告活动中找到自己的长处,同时老师也可以较容易发现每位学生的发光点。每段安排主题报告,都是为了学生的能力不单单停留在记忆层面,更多的在于培养学生的综合能力。我觉得虽然报告花费时间是比较多的,但正因为有了这类研究性学习在成绩中占有比重,才能更客观、更公平地评价每一位学生,单单记忆力好不见得能拿高分,记忆力较差也不见得一定不合格。这样,有利于让测验成绩好的学生成为综合能力高的人才,也使测验成绩差的学生有努力的动力。

高二历史研究性学习是历史课程改革的一个方面,得到科组及历史同行的支持,让高二历史研究性学习成为良好机制,我也从中得到很大收获,它让学生在知识技能、过程和方法、情感态度与价值观方面得到全面提高。期望日后学生个人与小组合作方面的评价机制能做到更科学化。

第七篇

珠海市田家炳中学
家国情怀教育之生涯教育

"新时代两广田中德育特色品牌建设计划" 珠海田家炳中学家国情怀之生涯 教育特色主题班会建设

围绕"立德树人"的教育宗旨，依托"两广田中德育特色品牌建设计划"重大项目，在田家炳基金会的直接指导下，经由华南师大郑航教授组成专家团队和我校精诚合作，指导和帮助我校打造幸福教育特色品牌，以"生涯教育主题班会建设"为主要抓手，来打造我校的幸福课堂和幸福德育，提升我校育人质量，促进我校优质发展。

一、学校开展生涯教育特色主题班会建设背景

（一）生涯教育特色主题班会课程实施理论依据

根据埃里克森（E.H.Erikson）的人格发展理论，高中生处于人格发展的第五个阶段：青少年期（12—18岁）。这是形成自我同一性或角色混乱的时期，这一阶段建立自我同一性和防止同一性混乱是最为基本和重要的心理社会任务。而高中阶段也是学生家国情怀素养形成中的重要时期。若我们在此阶段成功帮助学生形成一个自己决定的、协调一致的、不同于他人的自我，他们就会有"自我内外一致"的感觉，对"我是谁""我未来的方向""我如何适应环境"等问题有更加清晰明朗的主观感受（同一性的建立对个体一生

的发展非常重要）。若不成功，则出现自我同一性角色混乱，个体可能将以令人吃惊的力量抵抗社会环境，产生不利于自身健康发展的行为。高中生面临着认识自我、入学适应、学业竞争、人际交往、高考学科选择、高考报考志愿和未来人生规划等主要成长任务，如果能顺利应对这些成长任务，就会产生积极的自我期待，更顺利地建立自我同一性。

（二）我校开展生涯教育特色主题班会课程实施的现实情况

（1）2018年10月在华师社科院进行的"新时代两广田中德育特色品牌建设计划"报告会。我校对此项目愿景目标是，希望通过这次项目合作的实施，得到专家团队的大力支持，为学生选科走班、高考专业选择的决策提供帮助，同时提升学生学习的自主性，让学生对人生价值有更深入的思考，把良好育人建设作为学校德育特色工作的突破口，创建和谐校园，让每一个孩子都能健康幸福成长。

（2）高中阶段是学生学业生涯成长的重要时期。高中学生开始思考有关未来专业报考或职业方向的问题，这对他们今后的生涯发展具有非常重要的影响。

（3）班会是班主任对学生开展素质教育的重要载体，是引领学生身心健康成长、全面发展和完善自己的重要途径。

我校安排的班会课时间是每周一上午第一节课。一直以来，我校每学期中有近半班会课时间用于执行学校各部门安排的非常紧急性的任务，而另外一半班会课时间则用于班主任解决班级常规工作中存在的问题，比较缺乏以学生为主体的师生、生生互动，这就使班会课的教育效果打了折扣。

基于此，我校在班会中融入生涯教育，发挥学生主体作用，提高其主动性和积极性，使学生在体验和感悟的过程中明确自己的生涯发展之路。

我校高中生涯教育因各种原因起步较晚，目前仍处于探索阶段，尚未形成完整的体系，因此，我校将探索高中生涯教育主题班会课程实施作为重点，让生涯教育在班级层面得到延续与提升，以此来不断完善我校的生涯教育建设。

二、学校探索生涯教育特色主题班会课程实施

（一）生涯教育特色主题班会课程实施形式

1.课程目标

了解有关生涯规划的基本概念，学会认识自我，认识个人与社会的关系，知道生涯规划对于个人发展和人生幸福的重要性；指导高中生学会获取升学或就业的信息，了解获取信息的途径、方法，掌握有关自我认识、学业（或升学）选择和生涯规划的基本技能，从而可以较好地进行个人的生涯规划。同时立足于美好生活和积极心理学的立场，聚焦终身成长的意识和能力，尤其注重积极态度、正向思维和正确价值观的形成。

2.课程内容

生涯教育特色主题班会课程实施目标是给予学生希望和动力，循序渐进，逐步深入普及生涯教育理念。在教育形式上，将"新时代两广德育特色品牌建设计划"用书《高中生生涯规划读本》主题班会教育纳入教学安排，每位班主任在每学期初制订好所带班级本学期的六次主题班会教育计划，其中五次预先确定主题，一次为结合本学期班级具体情况临时设定主题。每位班主任根据本班级学生特点选定"读本"中的课题为每次主题班会教育的主要内容，计划经过几年的学习积累和借鉴，完成一个高中生在校成长的系统主题班会教育周期，确保贯穿学生整个高中生活。

生涯教育特色主题班会的教育内容通过不同组织形式呈现（表7-1），形式多样化能帮助高中生从多维度觉察、认识自我，充分发挥自我的优势，积极结合现实与自身兴趣爱好、性格特点、价值观、能力等方面进行分析与权衡，初步确立人生目标，运用自身所学知识与技能合理规划高中生活，即使遭遇挫折，也能从容应对，将人生理想落地实现。

表7-1　课程建设开展形式表

形式	具体内容与形式
课堂教学	讲授相关心理学理论知识、各学科方法论等
团体辅导	由热身活动，主题活动体验、分享，课后作业三部分构成
角色扮演	在人际交往、职业探索两大主题课程中以学生为主体，教师"授之以渔"
职业访谈	通过生涯人物访谈、模拟职场等形式，让学生探索了解职业大世界
小组讨论	训练小组合作能力，学会记录、准确表述自己见解，积极倾听他人意见
电影赏析	每一主题课程设计安排一堂电影赏析课
个案分析	学生呈现个人真实情况，紧密联系课堂与生活
心理测验	职业倾向测验、兴趣爱好、优势智能、性格特点、气质类型测试等心理测验

（二）生涯教育特色主题班会课程实施主题序列化

我校的生涯教育特色主题班会注重对学生生涯意识的唤醒；自我觉察、生涯觉察、生涯规划的辅导；生涯决策（包括选课走班、升学就业）能力的培养。在教育内容上，确定主题班会教育的内容从适应高中生入校到毕业的整个成长需要，设定包括澄清生涯发展历程教育、自我概念的重构教育、生活角色与生活形态教育、教育与生涯发展教育、职业生涯与社会需求教育、生涯探索及其体验教育、生涯决策风格与技巧教育、生涯发展实践教育等8个板块，每个板块内容下又涵盖若干子细目，形成一个较为完整的培养系统。

对新入学的高一新生，生涯教育的重点是培养学生良好的身心状态，帮助学生尽快适应高中生活，初步确立生涯规划目标，尝试对高中三年的学业生涯进行初步规划。高一年级课程内容：适应高中生活，学习认识自我的方法和途径，了解自己的社会支持系统、性格类型、能力优势、兴趣倾向、价值观等，明确选课走班等选择，教师通过生涯教育主题班会课引导学生定位自己在班级的位置和未来的发展。

高二阶段是高中生涯教育的黄金时期，学生在认识自我的基础上充分发挥能量发展自我，以"生涯探索"为目标，让学生利用自身资源贴近社会、了解社会，树立人生发展目标和理想信念。高二年级课程包括近距离接触职业、明确职业目标等内容。

高三阶段学生有高考重任，课业目标明确，生涯教育主题班会课程要结合高三学生特殊的学习和生活状态，就升学就业、志愿填报、应对高考复习高原反应期、生涯决策等方面进行课程设计，帮助学生根据自身实际情况拟订高三学习和生活计划，调整心态，专心与坚定地落实执行计划，学会综合分析多方因素，合理选择、填报适合自己的专业和学校，为生涯拐点画上圆满的句号。

表7-2　生涯教育特色主题班会课程实施主题序列化表格

学段	课程名称	内容	主线形式
高一	高中生你准备好了吗?	厘清入学适应状况，填写"主动适应行动清单"	个案分析小组讨论
	伸出手你握住了谁?	填写"我的社会支持系统一览表"，团体游戏"信任背摔"	小组讨论情境体验
	绽放生命之花	讲授目标设定理论，思考确立具体化目标，列行动清单	小组分享个案分析
	天生我材必有用	做加德纳多元智能测试，发现自身优势智能与职业取向	心理测验角色扮演
	遇见未知的自己	观影:《阿基拉和拼字比赛》，挖掘自身潜能	电影赏析小组讨论
	你是西游记里的谁?	FPA 性格色彩学测试，了解气质、性格组合类型和优势	心理测验个案分析
	价值观拍卖会	从取舍中了解职业价值观与人生态度，思考与澄清价值观	角色扮演情境体验
	向左走向右走	各科学法指导，为高考定航向	问卷调查小组讨论
	我的人际财富圈	掌握人际交往法则，现场模拟练习	角色扮演行为训练

续表

学段	课程名称	内容	主线形式
高二	神奇遥控器	观影《神奇遥控器》，体会人生规划的意义，学会感激和拥抱生活	电影赏析小组讨论
	超越时间	学习时间管理方法，记录时间，落实行动清单	小组分享个案分析
	兴趣岛屿之旅	霍兰德职业倾向测试：了解兴趣，选择职业方向	心理测验情境体验
	职业地图概览定位航行目标	根据美国ACT工作世界图、ACT科系世界图定位专业、职业目标	心理测验个案分析
	让梦想照进现实	化职业兴趣为学习动力，增强实现理想的信念	视频赏析小组分享
	职业访谈	生涯人物访谈，收集不同职业特点及对个人能力要求的一手资料	板报展示小组分享
	职业访谈视频分享	视频：《爬行者小》——软件工程师的职业介绍	视频赏析小组讨论
	现场模拟招聘会	找准定位，明确目标，树立自我培养六大核心素养的意识	角色扮演
	漫步书林读书	交流会：《你在天堂里遇见的五个人》，感受生命之间的联系	小组分享
高三	当幸福来敲门	观影《当幸福来敲门》，分享成功一万小时定律	电影赏析小组讨论
	做情绪主人	观影《头脑特攻队》，建立积极情绪，让高三生活洒满阳光	电影赏析小组分享
	寻找福流享受高三	学会从所做事情中找到乐趣和意义，化被动为主动，收获成就和幸福感	小组分享
	我的未来不是梦	生涯定位，化职业目标为学习动力，分享力量，互动鼓励	团体辅导小组分享
	高考盛宴如期赴约	高考减压，澄清优势资源，为生涯"拐点"增添自信	团体辅导情境体验
	大学预录取	了解广东高考报志愿基本情况，对目标大学模拟选择	

（三）生涯教育特色主题班会课程实施过程规范化

生涯教育特色主题班会课程的实施以班级为单位，学生为主体，教师营造温暖的生生、师生互动课堂氛围，让学生在参与的过程中认识自己、规划自己和成就自己。各班要充分利用"新时代两广德育特色品牌建设计划"用书《高中生生涯规划读本》。根据高一、高二、高三学生的心理特点、成长任务选择设计相应的课程，并不断实践、修改具体内容。采用课堂教学这种最主要的方式，融入团体辅导、电影赏析、角色扮演、职业访谈、小组讨论、心理测验等多种方式、途径开展教育，每次课40分钟，课程实施过程要求规范化。

具体体现在：

一是统一规范主题班会教育方案的设计格式，包括主题名称、班级、班主任、课时、主要形式、目的和意义、准备工作、过程设计、具体内容、总结、主要参考资料等。

二是统一界定主题班会教育的方式为室内或室外。

三是对主题班会教育方案的设计要求从七个环节予以明确。确定班会主题、设计主题班会形式、确定主题班会主持人、设计主题班会的过程、调动学生积极参与、发挥教师的指导作用、注意结果的反馈七个环节。

四是对主题班会教育的效果从四个方面予以评价。课程评价：一是主题明确，立意新颖，符合班级实际，贴近学生现实；二是内容有时代性、思想性、知识性、趣味性；三是形式力求多样性，气氛和谐，生动活泼，内容丰富；四是学生的主动性得到体现。

（四）生涯教育特色主题班会课程实施竞赛系列化

1.9—10月全校开展幸福生涯主题班会课（每年开展一次）

指定主题范围"新时代两广德育特色品牌建设计划"用书《高中生生涯规划读本》（华南师范大学项目组）里面的课题，各班必须从此读本中自行选择适合本班学生实际的课题。先在本年级进行评比，并在本学期11月中旬（11月13日）前完成年级初评，各年级评选出年级前两名班级参加全校主题班会优质课评比。

2.践行幸福教育理念，促进德育品质提升

2019年11月21、22日，我校成功举办了幸福教育特色之主题班会课评比活动。"新时代两广德育项目"华师专家组王晓莉教授一行3人莅临我校指导活动的开展。此外，我校还邀请了广东省名班主任、当代"中国素材型班会课的先行者和领军人"王家文老师，给我校全体教师进行《如何充分利用素材型班会课》相关培训。我校黄柱源副校长、淡宏涛副校长及中层干部全程参加了此次活动。

本次主题班会比赛为老师们提供了一个学习交流、展示提高的平台，大家在活动中相互学习、互相借鉴，学到了新的理念和方法，有助于促进老师的共同成长与提高，同时班主任是学生生涯发展的引导者，通过探究生涯教育主题班会，帮助学生了解生涯发展的相关知识，在学生的心里播下梦想的种子，朝着梦想去努力，未来就掌握在每个人的手中。

3.践行幸福教育理念，让生涯助力幸福成长

随着我校幸福教育品牌特色建设的不断推进，各项德育系列化活动也正在紧锣密鼓进行。为了加强班主任队伍建设，促进班主任专业能力提升，帮助学生们清晰地认识自己的兴趣和长处，知道自己是"谁"要成为"谁"，知道自己在哪里，未来要去哪里，让学生在了解社会、自己、职业中，把在校的学习和未来的生涯发展联系起来，使得目标更明确，视野更开阔，更能激发潜能，更加自觉进行自我管理，2020年12月，珠海市田家炳中学举办了幸福教育系列化活动方案之主题班会优质课比赛。

本次主题班会比赛内容为"新时代两广德育特色品牌建设计划"用书《高中生生涯规划读本》（华南师范大学项目组）里面的课题，各班从读本中自行选择适合本班学生实际的课题，并在本学期11月中旬完成年级初评。经过年级初评，我校六位班主任：赵品枫、刘文利、梁茵茵、吴文杰、王艳俊、唐桂姣于12月3、4日在礼贤楼二楼史地室呈现六节精彩的主题班会课。

三、学校生涯教育特色主题班会建设的反思调整

（1）主题班会课由各班班主任负责组织实施，班主任要负责班级日常管理、承担学科教学，任务本已非常繁重，而生涯教育主题班会课是专业性较强的课程，学校安排的部分任务往往也须在班会课这个时间段执行，留给生涯教育主题班会课的课时所剩无几。因此，生涯教育主题班会课可以由学生来负责一部分，班主任把关和引导；学校心理室要指导班级设计和实施主题班会课，心理教师是课程的主备课人，做好课前的职业访谈问卷、每一堂课的PPT、视频素材等，班主任成为课程设计的执行者。

（2）2019"新时代两广德育特色品牌建设计划"项目组王晓莉教授点评：这次主题班会比赛，见到了陌生的面孔，参与的人多了，特别是年轻的教师参与进来，学校有希望；明确一个道理，德育好，学习就会好起来，学生参与班级管理，促进学习提升，激发学习动机；学生很不错，基础很好，教师要发掘。

有几个想法：老师要懂得猜题、解题、拆题；目标方法要匹配，注重具体的方法，评价要准确；允许争议的出现，敢于让学生说出不同的意见观点；班会课的结构要扩大，要做成系列课、特色课；资源积累：本校课的摩课，形成精品课、示范课；学生资源的发掘；田家炳系列学校资源的利用。

（3）2020"新时代两广德育特色品牌建设计划"项目组王晓莉教授在主题班会实施过程中，特别指出班会要有明确的主题，能从学生实际出发，活泼而多样，充分发挥学生的主体作用，合理有效地适时给予引导。特别是从下面三点上下功夫：

要"小"，班会课设计的主线要清晰，忌多而杂，可以适当剪裁，从一个小点切入，引导学生深入探讨。要"放"，敢于放手让学生小组讨论，把课堂交给学生，充分发挥学生的主体作用。要"问"，老师要敢于追问，问出学生的真实声音，用学生的资源生成课堂。

生涯教育是认识自己、发展自己和成就自己的过程，它为受教育者未来全面步入社会生活而作准备。高中生涯教育主题班会建设切合高中阶段学生的心理需求，效果较好，初步推动了我校生涯教育的发展。我们将继续深入探索，使之更加系统化、可操作化，为高中生的发展和幸福成长助力。

《探索我的职业兴趣》
（高一年级 授课教师：蔡柔娜）

【活动目标】

（1）了解兴趣在生涯规划与发展中的重要性。

（2）通过卡牌活动初步探索自己的职业兴趣类型。

（3）学会寻找适合自己的兴趣发展路径。

【重点难点】

重点：让学生了解自己的职业兴趣类型，并学会有意识地探索/培养自己的兴趣。

难点：引导学生在日常生活中寻找适合自己的兴趣发展路径。

【学情分析】

目前高中生自我意识高度发展，自我形象逐渐达到稳定状态，大部分高中生能进行适当的自我评价，并且大多数高中生都产生了独立自主的需求，其自主需求也体现在专业及职业选择的意向上，但高中生日常还较少接受关于专业及职业的生涯规划教育。问到学生的兴趣，学生通常都会说到玩游戏、听音乐、看电影、读书等兴趣爱好。然而，涉及学生未来的生涯规划，仅了解这样简单的兴趣爱好是不够的，需要有更加清晰的职业兴趣理论和工具帮助学生了解自我，而霍兰德的职业兴趣理论和兴趣职业对照表就是一个很好的例子。另外，对于兴趣的理解，绝大多数的学生可能停留在玩乐的层面，因此，可以通过介绍兴趣金字塔的层级结构，引导学生进一步探索兴趣。

此外，学生即将在高一上学期结束时面临选科问题，职业兴趣的探索也可以从一定程度上帮助学生了解自己选科的倾向。

【活动准备】

PPT课件、视频、兴趣卡、学案、便利贴。

【教学过程】

环节1　视频引入

通过视频案例分析，说明兴趣在生涯规划与发展中的重要性，引入本节课主题。

环节2　介绍兴趣与职业兴趣

通过介绍兴趣与职业兴趣的定义、两者的联系以及对我们的生活和发展的影响，为卡牌的职业兴趣探索活动作铺垫。

环节3　小卡片找兴趣

通过卡牌活动帮助学生澄清和了解自己的职业兴趣类型，激发进一步探索的意识。

活动流程：

（1）每位学生一套生涯兴趣类型卡（详见附录一）

（2）邀请学生将卡片进行分类，规则如下：

①将卡片分成两类：喜欢VS不喜欢。

②在"喜欢"的那堆卡片中，根据卡片的字母标识，算出每一类型数目。

（3）在学生分类的过程中，教师巡场，适时回应学生的疑惑。学生分完类，引导学生思考，你喜欢的这些活动有什么特点？带给你怎样的感觉？邀请学生分享。

（4）引导学生在"喜欢"的那堆卡片中思考：有哪些活动是有实际体验过的，哪些是没有实际体验过的？由此教师引入"实质兴趣"和"表面兴趣"的概念。

（5）教师采访1～2位学生：引导学生意识到在兴趣定位上要防止叶公好龙和"真香定律"，只有尝试体验过才能知道自己到底是否真的喜欢。

（6）根据分类数目前三的卡牌代码，得出霍兰德兴趣代码，教师介绍霍兰德职业兴趣理论。

环节4　兴趣金字塔

介绍兴趣金字塔理论，进一步主动地体验和尝试，是兴趣升级发展的办法。

教师小结，总结本节课内容。

环节5　兴趣升级攻略

引导学生制定进一步兴趣探索的行动，把兴趣探索真正落实到日常的生活中。

邀请学生写下在兴趣探索/培养方面，自己接下来想去尝试的一件事。

附录一　兴趣卡内容

R1与动物有关的工作	R2户外活动
R3与机器有关的工作	R4烘焙
R5建造或修理东西	R6做手工
I1分析人事物	I2独立工作
I3研究自己选择的特殊问题	I4做实验
I5思考问题	I6数学/物理/生物/化学
A1素描/制图或绘画	A2参加话剧/戏剧
A3设计家具/布置室内	A4练习乐器/参加乐队
A5从事摄影创作	A6需要创意的活动
E1说服和影响别人	E2销售/推销
E3谈论政治	E4在社团中担任负责人
E5需要冒险的活动	E6组织活动
S1帮助别人解决困难	S2与人接近的工作
S3照顾/支援他人	S4教育/指导他人
S5需要团队合作的活动	S6结交新朋友
C1整理作业、报告、记录	C2有固定/清晰程序的工作
C3需要关注细节的工作	C4文字处理，如编辑
C5有清楚方向的工作	C6搜集、整理、分析数据

附录二　霍兰德职业兴趣类型

类型	喜欢的活动	重视	职业环境要求	典型职业
企业型E（Enterprising）	喜欢领导和支配别人，通过领导、劝说他人或推销自己的观念、产品而达到个人或组织的目标，希望成就一番事业	经济和社会地位上的成功，忠诚，冒险精神，责任	说服他人或支配他人的能力，敢于承担风险，目标导向	律师、政治运动领袖、营销商、市场部经理、电视制片人、保险代理等
社会型S（Social）	喜欢与人合作，热情关心他人的幸福，愿意帮助别人成长或解决困难、为他人提供服务	服务社会与他人，公正，理解，平等，理想	人际交往能力，教导、医治、帮助他人等方面的技能，对他人表现出精神上的关爱，愿意承担社会责任	教师、社会工作者、牧师、心理咨询师、护士等
艺术型A（Artistic）	喜欢自我表达，喜欢文学、音乐、艺术和表演等具有创造性、变化性的工作，重视作品的原创性和创意	有创意的想法，自我表达，自由，美的追求	创造力，对情感的表现能力，以非传统的方式来表现自己；相当自由、开放	作家、编辑、音乐家、摄影师、漫画家、导演、室内装潢设计师等

续表

类型	喜欢的活动	重视	职业环境要求	典型职业
事务型C（Conventional）	喜欢固定的、有秩序的工作或活动，希望确切地知道工作的要求和标准，对文字、数据和事物进行细致有序的系统处理以达到特定的标准	安全、明确、细节	组织良好并有清晰的程序，具有明确的目标	文字编辑、会计、办事员、税务员等
实用型R（Realistic）	用手、工具、机器制造或修理东西。愿意从事实物性的工作、体力活动，喜欢户外活动或操作机器，而不喜欢在办公室工作	具体实际的事物，诚实，有常识	使用手工或机械技能对物体、工具、机器、动物等进行操作，与"事物"工作的能力比与"人"打交道的能力更为重要	园艺师、木匠、汽车修理工、工程师、军官、兽医、足球教练员等
研究型I（Investigative）	喜欢探索和理解事物，学习研究那些需要分析、思考的抽象问题，喜欢阅读和讨论有关科学性的论题，喜欢独立工作，对未知问题的挑战充满兴趣	知识，学习，成就，独立	分析研究问题、运用复杂和抽象的思考创造性地解决问题的能力，谨慎缜密，能运用智慧独立地工作，具有一定的写作能力	实验室工作人员、生物学家、化学家、心理学家、工程设计师、大学教授等

《闪闪发光的我们》
（高一14班　授课教师：何丽晴）

【活动目标】

（1）帮助学生认识到自我价值和个人特质。

（2）教授学生如何进行自我认知和自我接纳。

（3）培养学生的自我成长意识和终身学习的态度。

（4）强调生长教育的重要性，促进学生全面发展。

【主题分析】

　　这堂班会课标题为《闪闪发光的自己》，旨在让学生认识到每个个体都可以在自己的领域里面发光发亮，这与学生的自我定位，自我成长有关，对标到"三生教育"，属于"生长教育"这一项内容。生长教育是一种以促进个体全面发展为目标的教育方法。它强调个体的自我发展、自我实现以及终身学习的重要性。生长教育不仅仅关注学术成就，更注重培养学生的批判性思维、创造力、社交能力、情感智力以及适应变化的能力。生长教育的最终目标是帮助学生发展成为独立、有责任感、能够自我驱动和终身学习的个体，能够在快速变化的社会中找到自己的位置，并为社会做出积极贡献。

【学情分析】

　　本课堂参与学生40人，其中男女比例为三比一，氛围比较活跃。学生平时的学业成绩一般，听到的负面评价较多，多数学生对负面评价抱有比较消极的态度，往往会对自己的发展产生怀疑，不自信。本节课充分考虑到学生的性格特点，设置了多种活动让学生参与，充分发挥他们的积极性，且主题也贴近他们的自身情况。

【教学方法】

（1）互动式教学：通过小组讨论、角色扮演和互动问答，提高学生的参与度。

（2）反思性学习：鼓励学生进行自我反思，以促进深入理解和个人成长。

【评估方式】

（1）自我评估：学生通过反思进行自我评估。

（2）同伴评估：在小组活动中，学生相互提供反馈和评价。

（3）教师评估：教师根据学生的参与度、反思深度和行动计划质量进行评估。

【教学过程】

环节1　导入

（1）问候学生。

（2）询问学生对于日常生活中的负面评价的看法。

（3）讨论日常生活中听到的负面评价较多还是正面评价较多，都有哪些负面评价，感受如何。目的：引入主题，引导学生思考负面评价是否合理。

环节2　观看《烂泥扶不上墙》短片

（1）引导学生观看《烂泥扶不上墙》短片。

（2）针对视频内容问学生问题。

（3）跟学生讲述烂泥的作用。

目的：通过视频让学生意识到每个人都有闪光点。

环节3　观看《疯狂的蒲公英》短片

（1）引导学生观看《疯狂的蒲公英》短片。

（2）针对视频内容问学生问题。

目的：通过视频鼓舞学生勇敢追求自己的人生目标。

环节4　小组讨论

（1）让学生小组讨论，进行积极的自我介绍。

（2）让三名学生进行展示。

（3）小组讨论，三名学生上台展示。

目的：引导学生进行深刻的自我反思，重新思考并且向同伴展示积极的、闪闪发光的自己。

环节5　引导学生表演短剧《小王子与玫瑰花》

学生表演短剧《小王子与玫瑰花》。

目的：通过短剧的形式升华主题。

环节6　引导学生共同欣赏演唱《不完美小孩》

学生共同欣赏演唱《不完美小孩》。

目的：通过音乐激励学生，呼应主题。

《自我治愈·自我救赎》
（高二年级　授课教师：郭巨）

【活动目标】

（1）认知目标：通过登岛挑战和智能测试让学生了解多元智能并关注到每个人擅长的能力优势是不同的。

（2）情感目标：在智能雷达图中感受自己的能力分布，悦纳自我、欣赏他人；通过智能生涯对对碰，树立用能力优势指导生涯规划的意识。

（3）技能目标：学会利用智能矩阵管理自己的能力，确立潜力提升方向。

【教学理念】

传统上，学校一直强调学生在逻辑（读、写、说）方面的发展，但这并不是人类智能的全部。根据加德纳多元智能理论，我们每个人的能力是多元的，都有属于自己的优势和潜能，为了帮助学生了解自己的智能，找到自己的优势，正确看待自己的能力分布，借助登岛挑战这一情境，带学生了解多元智能，并将自己的智能分布与分科、专业选择和未来职业规划结合起来，提高自我认知。

【学情分析】

根据《中小学心理健康教育指导纲要》，高中生要在充分了解自己的兴趣、能力、特长的基础上，确立自己的职业志向，进行升学就业的选择和准备。在高二下学期学段，即将进入高三，面对春季高考和夏季高考的选择，以及对未来职业的憧憬，很多学生往往有些迷茫和不自信。通过这次班会，希望能给学生提供一个充分认识自己的机会，增强自信，让学生的选择建立在适合自身特点和能力的基础上，扬长避短。

【重点难点】

教学重点：使学生以多元智能理论为依托，正确认识到自己和他人的能力。

重点突破：设计情境带入，从登岛挑战看出各人能力有差异，从智能测试和雷达图进一步了解自己和他人的能力分布。

教学难点：让学生有针对性地根据自己的能力确定今后努力方向。

难点突破：通过智能管理矩阵明晰自己的优势区、潜能区、盲区。

【教学过程】

环节1　团体热身阶段：登岛挑战

（1）设计意图：情景导入，能力初探，将智能类型融入不同的登岛挑战任务中，增加趣味性。

（2）教师活动：同学们，今天我们的星际旅行来到了一个岛，此岛名为"智能岛"，该岛上的每位居民都有自己独特的智能，他们根据自己智能的不同居住在岛上的各区。各智能区在入口处都设立了挑战，想要成功登岛，全班须至少完成四个挑战。

将同学分为八组，每组一个挑战任务。

（3）学生活动：分组进行挑战，根据拿到的挑战任务集思广益，完成挑战。

教学用时：12分钟。

环节2　团体工作阶段：岛上初探

（1）设计意图：通过岛上地图进行智能匹配，了解多元智能，并完成智能测试。

（2）教师活动：恭喜你们，登岛成功！下面你们将拿到一份智能岛的地图，各区只接纳拥有同样智能的人进入，因此你们需要将合适的人派到相应的城。请同学回答，进行智能配对，并逐一解释每种智能的含义。

这些先锋队和岛民们建立了良好的关系，他们非常欢迎你们上岛参观，为你们准备了一个上岛仪式——智能测试。请同学们完成活动单上的智能测试题，并画出自己的智能雷达分布图。

给出教师自己的雷达图作为参考，结束后请同学互相分享自己的智能图。

（3）学生活动：回答问题，在地图上找出每种智能对应的人；完成智能测试并互相分享。

（4）教学用时：10分钟。

环节3　团体转换阶段：智能专业对对碰

（1）设计意图：将智能与未来大学专业结合起来，给选科提供参考。

（2）教师活动：岛民带领你们在岛上参观。你们惊讶地发现每个智能区的岛民从事的职业都不一样。岛民介绍说他们是根据每个人擅长的智能选择最适合自己的职业，请你来猜猜每个智能区的岛民从事的专业是什么？

教师提问，并根据同学们的回答给出解读。

（3）学生活动：思考每种智能适合就读的大学专业。

（4）教学用时：10分钟。

环节4　团体结束阶段：我的智能管理矩阵

（1）设计意图：指导学生用管理矩阵的思维明确自己的能力发展方向。

（2）教师活动：为了在岛上更好地参观及辨认身份，你们需要制作自己的"智能管理矩阵牌"。请从擅长、需要两个维度将你的智能化为四个象限，并给每个象限拟一个名称。

教师给出示例，并请同学分享。解读四个象限：优势区、潜能区、退路区、盲区。最后请同学分享本节课的收获。

（3）学生活动：完成能力管理矩阵牌并分享。

（4）教学用时：8分钟。

第八篇

珠海市田家炳中学
家国情怀教育之生命教育

《心怀感恩，幸福人生》
——生涯教育主题班会设计教案
（高一年级　授课教师：方鸿铭）

【班情分析】

高一7班学生普遍学习成绩优异，但在感恩教育方面存在明显的不足。学生们在日常生活中往往只关注个人的学业和成长，忽视了父母、老师以及身边人的付出和关爱。这种情况导致学生缺乏感恩意识，对他人关爱不够敏感，进而影响到他们的人际交往和情感体验。因此，本次班会课旨在通过系统的感恩教育，引导学生认识到感恩的重要性，培养他们的感恩意识，增强他们的情感体验和人际交往能力。

【活动目标】

知识与技能目标

（1）使学生理解感恩的含义和重要性。

（2）让学生能够列举并感受父母、老师及身边人的付出和关爱。

过程与方法目标

（1）通过观看视频、参与游戏和讨论等活动，培养学生的观察力和思考能力。

（2）鼓励学生将感恩之情转化为实际行动，提升他们的实践能力和责任感。

情感、态度与价值观目标

（1）激发学生的感恩情感，让他们珍惜并回报父母、老师及身边人的关爱。

（2）培养学生的团队合作精神和集体荣誉感，营造和谐友好的班级氛围。

【活动准备】

（1）PPT课件：包含感恩主题的图片、视频和案例。

（2）书写工具：纸张、笔等供学生书写感恩话语。

（3）多媒体设备：播放视频和PPT的投影仪或电脑。

【活动过程】

环节1　引入（5分钟）

（1）开场白：简单介绍班会主题，引出感恩话题。

（2）谈一谈：引导学生思考什么是感恩，以及感恩的重要性。

环节2　第一框架：感恩父母（20分钟）

（1）播放视频：展示父母付出的视频，让学生感受父母的辛勤付出和无私关爱。

（2）想一想：引导学生思考自己多久没有对父母表达过感激之情，以及自己为父母做过的事情是否足够。

（3）爱的天平：让学生列举父母为自己做的事情和自己为父母做的事情，并进行比较，看看天平是否倾斜得太厉害。

（4）玩游戏："少让父母为我操心"，通过游戏让学生意识到责任和义务。

（5）我的打算：让学生分享今后打算如何以实际行动回报父母，培养他们的责任感和实际行动能力。

（6）动动手：请学生课后写一封感恩信给父母，表达自己的感激之情。

（7）齐读《游子吟》：通过诗歌朗诵，进一步激发学生的感恩情感。

环节3　第二框架：感恩老师（10分钟）

（1）猜一猜：通过表演或描述，让学生猜出所扮演的老师，并分享该老师对自己的帮助和关爱。

（2）想一想：引导学生思考为什么要感恩老师，以及应该如何感恩老师。

（3）玩游戏：设计感恩老师的游戏环节，让学生在轻松愉快的氛围中表达对老师的感激之情。

（4）毛主席的尊师重道：通过讲述毛主席尊师重道的故事，引导学生学习尊重老师、感恩老师的品质。

环节4　第三框架：感恩一切（5分钟）

（1）播放视频：展示班级时光回忆，让学生感受到集体的温暖和关爱。

（2）谈一谈：引导学生分享与老师、同学之间的难忘故事，并表达感激之情。

（3）齐读《赠汪伦》：通过诗歌朗诵，表达对朋友和身边人的感激和祝福。

【活动反思】

1.反思

本次《心怀感恩，幸福人生》班会课的教学，旨在引导学生认识到感恩的重要性，并培养他们的感恩意识。从教学准备到实施过程，我深刻体会到了情感教育的复杂性和挑战性。

首先，在教学内容的选择上，我选择了从感恩父母、感恩老师到感恩一切的递进式框架，旨在让学生从最亲近的人开始，逐步拓展到对社会的感恩。这一设计有效地引导了学生深入思考和感受。

其次，在教学手段上，我运用了视频、游戏、讨论等多种形式，力求让学生在轻松愉快的氛围中体验和感悟。特别是通过播放父母付出的视频，让学生们感受到了父母的艰辛和不易，这一点得到了学生的广泛共鸣。

然而，在教学过程中也暴露出一些问题。例如，在引导学生将感恩之情转化为实际行动时，我过于强调口头表达，而忽视了实际行动的引导。这可能导致学生在课后难以将所学内容真正转化为行动。

2.评价

从整体来看，本次班会课的教学目标是基本达成的。学生们对感恩有了更深刻的认识，也表达出了对父母、老师和身边人的感激之情。同时，班级氛围也得到了进一步的和谐与融洽。

具体来说，学生们在观看父母付出的视频时，不少人都流下了感动的泪水，这说明他们已经感受到了父母的辛勤和无私。在讨论和游戏中，学生们也积极参与，分享了自己的感悟和经历。这充分展示了本次教学的成果。

但是，也需要注意到一些不足之处。例如，在引导学生将感恩转化为行动时，缺乏具体的指导和实践环节。未来在教学设计时，可以加入更多的实际行动环节，如组织志愿服务等，让学生在实际行动中体验和感悟感恩的意义。

3.学生感悟

通过本次班会课的学习，学生们纷纷表示对感恩有了更深刻的认识。他们意识到，感恩不仅是一种情感表达，更是一种责任和行动。他们表示要珍惜身边人的付出和关爱，用实际行动来回报他们。

例如，一位学生写道："以前我总是觉得父母为我付出是理所当然的，但现在我明白了他们的辛苦和不易。以后我要多关心他们、多帮助他们、多和他们交流。"另一位学生则表示："通过这次班会课的学习，我更加感激老师的辛勤付出和无私奉献。以后我要更加努力学习、遵守纪律、尊敬老师。"

阅己　悦己　越己
——突破自我设限，做最好的自己
（高一17班　授课教师：唐思颖）

【活动背景】

　　期中考试后，在与学生们的交谈中发现，不少学生对自己的学习能力表示怀疑，甚至因为成绩不理想，开始出现摆烂心态。这让我意识到，学生在自我认知层面，是存在一些偏差的，他们期待获得肯定，且十分在意从外界而来的评价，同时又缺乏一定的判断力，难以辨识评价的真伪。当他们接收到负面评价时，会自怨自艾，无法摆脱由负面评价所带来的坏情绪，甚至采取极端措施进行缓解。他们的内心敏感，对自己缺乏自信，容易被片面标签击垮。因此，作为班主任，我需要引导学生客观正确地认识自我、无条件地接纳自我、坚持完善自我和勇敢超越自我，突破自我设限，培养自信，开发潜能、完善个性，塑造强大的内心！

【活动目标】

　　（1）知识目标：正确认识自己，理性客观地看待标签，悦纳自己。

　　（2）能力目标：通过一系列体验活动，掌握突破自我设限的方法。

　　（3）素养目标：逐步养成敢于自我突破，迎接挑战，追逐梦想的精神和品质。

【活动准备】

　　课件，夸夸卡，A4白纸，剪刀，便利贴。

【活动过程】

环节1　鼓掌互动，发现个人潜能

游戏规则：

先预测一分钟之内自己可以拍掌多少次，并把他记录在纸上，然后大家一起来拍掌，限时一分钟，边拍边数数，游戏结束后把实际拍掌次数记录下来，最后把预测次数与实际次数做一个对比，看哪个多哪个少。

讨论与分享：

①在游戏活动中，你有何感受？②结合人的潜能，你得到了什么启发？

教师小结：通过这个游戏，大家看到了自己的潜能是巨大的。吉尼斯世界纪录鼓掌次数保持者一分钟能鼓掌717次。相信大家都会被这个数据震惊！我们每个人身上的潜能真的是一个巨大的资源库，等待我们去发掘。人生不设限，一切皆有可能，这也是我们这节课要学习的主题。

环节2　跳蚤实验，认识自我设限

学生观察"跳蚤实验"图片，思考跳蚤最终没办法跳出瓶子的原因。

实验内容：

生物学家把跳蚤放在一个玻璃瓶中——玻璃瓶的高度是跳蚤可以轻易跳出的高度。然后科学家在玻璃瓶口上盖了一块玻璃板，跳蚤没有发现障碍物，但是一跳就会撞到玻璃板上，经过反复尝试都如此。于是跳蚤只能跳比较低的高度，以免自己被撞痛。接着，科学家不断降低玻璃瓶的高度，最终跳蚤干脆不跳了，因为不跳就不会痛，这时即使科学家撤掉玻璃板，跳跃冠军也不会再蹦跶一下了。

总结原因：

自我设限。指跳蚤调节了自己跳的目标高度，而且适应了它，不再改变。很多人不敢去追求梦想，不是追不到，而是因为心里就默认了一个"高度"。这个"高度"常常使他们受限，看不到未来确切的努力方向。

思考与交流：你有没有"自我设限"的情况？

例如：班上有些同学认为自己只能考个大专，就不想那么拼尽全力的学习→不是你达不到大学的高度，而是你自己给自己一个限制，给了自己一个默认高度，这会阻碍个人的发展。

环节3　三大法宝，突破自我设限

1.法宝一：阅己（认识自己）

提问学生：你收到过哪些标签？这些标签来自哪里？

学生从生理、心理、学习、人际、特长等分享描述自己收到的标签，标签可能来自父母、老师、同学、自己。

追问学生：这些标签都是真实的你吗？找出消极标签，你能否进行自我辨析？

进行辨析实践，撕下消极标签，如：我英语很差→可能是我英语学习的方法不对，多请教同学老师，下定决心每天记单词，学语法，我的英语是可以提升的。

教师小结：我们并不缺乏能力和天赋，请理性客观地看待标签，正确认识自己。

2.法宝二：悦己（悦纳自己）

【学生活动：夸夸卡】

班上一定有同学的表现让你觉得特别棒，请为他写下一张夸夸卡吧。完成后请学生分享。

教师小结：每个人都有自己的优势和值得骄傲的地方，如果我们能经常找出自身的优点和长处，悦纳自己，发现自己的价值，就能增强自信心，增强突破自我的勇气。真正的幸福从来都不是你拥有了所有，而是你能够接纳不完美的自己，并能够始终积极乐观地看待自己，发现并发扬自己的长处。所以，请无条件地悦纳自己吧！每个人都可以闪闪发光。

3.法宝三：越己（超越自己）

经历分享：

没想到两百多号人的大队伍能全员克服恐高，成功穿越东西涌

没有想到高一英语倒数，高三英语轻松130+

没有想到科研小白获得了校级优秀毕业论文

没有想到提前3天也能安排好近20天的新疆行程

通过亲身经历的分享，让学生感受到：勇敢地突破自我，一切皆有可能！

【任务挑战：穿越白纸】

目标：让一个人从一张A4纸中间穿越过去

工具：每组同学一把剪刀，一张A4白纸

时间：10分钟。快发挥你的奇思妙想吧！

教师：如果你想到了做法，恭喜你达成成就：穿越大师；如果你觉得这很难做到，暂时没想到方法，那我分享一种可能的做法。完成了穿越A4纸的挑战，可以进行更高难度的穿越便利贴挑战。

分享方法：先把 A4 纸长边对折，折痕朝下，也就是开口向上；折好后，沿虚线剪开，注意边缘不能直接剪断；再沿着蓝线部分剪开；最后把纸小心地展开即可。

感悟交流：每个人的潜能都是无穷的，就像地下的宝藏一样深深埋藏着。无论我们手中的"纸片"有多小，只要我们相信自己，愿意突破自我，做最好的自己，充分利用自身资源，我们就有机会化不可能为可能，创造属于我们自己的奇迹。

教师总结：勇敢地去做，其实看似不可能的穿越也是可以突破的。我们做到的甚至能比预期更好。突破了A4纸的穿越，也可以试试挑战便利贴的穿越。我们的人生也是这样，不断地挑战自己，超越自己，会让我们更加强大。

环节4　方法总结

阅己：正确认识自己。

悦己：积极悦纳自己。

越己：勇敢超越自我。

环节5　教师寄语

最深的遗憾并不是我不行，而是我本可以。没有什么不可能的。我们有三年的时间，去改变，去创造，每一个人都有非常多的可能性去挖掘，这也是我们未来三年要做的事情。

我们完全可以利用好本身具备的优势资源，或者提升需要使用的资源，化看似不可能为可能，愿大家都能突破自我设限，遇见更好的自己！

《心之所向　生命之光》主题班会教案
（高二年级　授课教师：曾峰）

【活动目标】

（1）让学生认识生命、思考生命、进而挖掘生命。

（2）让学生体会生命的可贵，珍惜宝贵的时间，热爱高中的生活，努力学习。

【活动过程】

有人说，人生苦短，要及时行乐；

也有人说，人生易老，生命短暂，要认真过好每一天。

我说，这都是对生命的思考，只是色彩不一样！

环节1　认识生命的色彩

1.游戏设置：你来比划我来猜

游戏规则：

（1）自由组合，两人一组，一个比划一个猜。

（2）共10个词，限时5分钟，答对题目最多的一组获胜。

（3）比划的人可以用语言和肢体动作来提示描述，但是不能描述某个字的读音或写法，不能出现"词语"中的同音字及外语翻译。

（4）猜不出可以喊"pass"，一旦过就不能返。

（5）观众不能提醒。

2.引出对生命的认识

平淡无奇的文字都能被我们玩出花样，增添色彩，生动活现。更何况是生命呢？上课的时候，大家可以在听课中度过，也可以在娱乐游戏中度过，这就是生命，只是色彩不一样！在生活日常中，大家可以快乐地度过，也可以悲伤地度过，这也是生命，只是色彩不一样！

生命如何度过，色彩怎么描绘，由我们来决定！

过渡： 欢乐的时光总会过去，悲伤的思索总会来临。有时我们会突发奇想，人为什么活着？最后都会死，活着的意义是什么？想不明白，越想越困惑，迷茫……

环节2　思考生命的意义

1.材料

墨西哥漫画家Pablo Stanley创作了一幅火爆的作品《生命与甜甜圈》，漫画讲述的是一个对生与死开始有懵懂认知的弟弟，伤心地站在妈妈墓碑前，与姐姐的一段对话。

思考： 闭上眼睛，想一想（5分钟）既然人最终都会死，那么我们干嘛要活着？

2.引出生命的总结

我们的人生，其实本身是没有意义的，我们只是宇宙的一缕尘埃，总有一天会被人遗忘。但是，在这必然破灭的现实下，我们仍然可以好好活着，享受这世界的美好，何不为这世界增添一缕色彩。你们不觉得这是件伟大的事情吗？

我们活着的目的不在于悲观、欢笑，不在于存在还是不存在，不在于得到还是失去，而在于赋予自己生命的意义，让自己的生命丰富多彩。

过渡： 那么我们怎样才能赋予生命意义呢？

环节3　挖掘生命的绚丽

（1）激励大师约翰库提斯，天生严重残疾，却不依靠轮椅过活。他以拒绝死亡来挑战医学观念，这般模样的他，去过190个国家，接受过南非曼德拉总统的接见，演讲遍布多个国家，震撼人心，又催人落泪，形成了世界级的自尊、自信和自立。

（2）大作曲家贝多芬由于贫穷没能上大学，十七岁时患了伤寒和天花病，二十六岁，不幸失去了听觉，在爱情上也屡受挫折。在这种情况下，贝多芬发誓"要扼住生命的咽喉"。在与命运的顽强搏斗中，在乐曲创作事业上，他的生命之火燃烧得越来越旺盛了。逆境不但没有吓倒他，反而成了他获得强大生命力的磁场。

（3）刘磊、王浩、易卜拉欣·哈马托等。

过渡：我们有什么好抱怨的，有什么好等待的？

思考：在有限的生命中，我们可以做些什么呢？

（1）生命的漫长靠心态，抱有达观的心态，爱你所爱，努力，尽力，感恩，幸福。

（2）生命的多彩靠人主导，自己的生命自己做主，勇敢做自己，提升自己。在学习中长知识，在创作中添灵感，在发现中丰富心灵。

（3）所有的生命都是一个过程，需要我们努力学习。努力丰盈自己，填满人生，将无意义变为有意义。如燕衔泥筑巢一样认真做好每一件事，如母鸡下蛋后高歌一样为做过的事感到自豪，如蜜蜂酿蜜一样分享自己该分享出去的部分。

世界那么大，都值得我们多去看看！

环节4　总结

生如春花之绚烂，死如秋叶之静美！

我们不能决定生命的长度，但我们可以决定生命的宽度。

心之所向，生命所在！

后 记

在编写这本《大湾区求真教育共同体家国情怀的实践与探索》著作的过程中，我们深刻感受到了家国情怀教育的深远意义与重要性。从前期的方案调研、课例研讨，到案例的筛选与修改，再到最终的成书，每一步都凝聚了"粤港澳大湾区家国情怀求真教育共同体"成员们的心血与智慧。

在粤港澳大湾区这一国家发展战略的重要区域，青少年学生作为未来建设的主力军，他们的家国情怀培育显得尤为重要。因此，我们致力于探索适合大湾区学生的家国情怀教育路径，希望通过我们的努力，能够为青少年学生树立正确的国家观、民族观，增强他们的国家身份认同感和民族凝聚力。

在成书的过程中，感谢来自珠海市九洲中学、澳门濠江中学、珠海市田家炳中学三所共同体学校的老师们，他们为家国情怀培育研究提供了宝贵的教育案例和实践经验。同时，我们也感谢所有参与本书编写、审校工作的同仁们，是他们的辛勤付出，才使得这本书能够顺利出版。

当然，我们也深知本书仍存在不足之处，希望广大读者在阅读过程中能够提出宝贵的意见和建议，以便我们不断改进和完善。未来，我们将继续深化家国情怀教育的研究与实践，为推动粤港澳大湾区乃至全国的家国情怀教育事业贡献我们的力量！

编者

2024年10月